こい

そうしょ

こい ほんやく そうしょ

鯉

让 我 们 一 起 追 寻

ほんや

西太后

——大清帝国最后的光芒

西太后：
大清帝国最後の光芒

〔日〕加藤徹/著
kato toru

董顺擘/译

社会科学文献出版社
SOCIAL SCIENCES ACADEMIC PRESS (CHINA)

こい　ほんやく　そうしょ

目　录

前　言

　　世界历史上曾经存在的强大帝国中，除少数外，任何一个国家都拥戴有鲜明个性的统治者。因此，一个时代常常只通过数人的"面孔"来表现。

　　20世纪的中国，也能通过孙文、蒋介石、毛泽东等数人的"面孔"来表现。进一步说，前半个世纪的"面孔"，只有一个人，那就是集稀世女杰形象于一身的西太后（1835～1908年）。

　　她，是清朝咸丰帝（1850～1861年在位）的妃子，生下了皇位继承人，在咸丰帝死后执掌政权。于是，在自己的儿子同治帝和外甥光绪帝的两代帝王统治期间，她以皇太后的身份持续掌握政权。在中国的历史上，能与西太后相匹敌的女性掌权者，只有汉朝的吕后、唐朝的则天武后（武则天）。但是，吕后的专权只不过持续了十五年，则天武后也在其在位的第十五个年头失去权力。与此相对，西太后统治有四亿人口的大清帝国长达四十七年之久，到最后也没有下台。包括男性掌权者在内，这样长期掌握实权的例子，在世界历史上也是罕见的。而且，她在位期间，是一个内忧外患纷至沓来的激荡时代。关于她统治中国的秘诀，本书想试着分析一下。

西太后在位期间，与世界历史的转换期重合。

她于1861年掌握政权，若是俯瞰那一年的世界历史形势可见，这一年在意大利，维托里奥·埃马努埃莱二世领导完成了全意统一；在普鲁士，完成德国统一的威廉一世即位（第二年俾斯麦就任首相）；在俄国，沙皇亚历山大二世颁布了解放农奴的法令；在美国，林肯继任总统、南北战争爆发；等等。列强们都在追赶走在最前列的英法，并排站在了奔向建设国民国家的起跑线上。

同时代的日本，攘夷和勤王的风暴已经来临，发生了樱田门外之变（1860年）、皇女和宫下嫁将军德川家茂（1861年）、生麦事件等重大事件，时代瞬息万变，走向了明治元年。

从那时起到四十七年后西太后去世的1908年，世界形势发生了很大的变化。作为新兴国家的美国和德国让人看到了超越英法的趋势，日本也因为甲午战争和日俄战争的勉强胜利，成为用当时语言所称的"一等国"。清朝则因列强的侵入而在半殖民地条件下挣扎，濒临灭亡。

如果与明治时的日本进行比较，西太后的统治看起来是失败的。实际上，当代中国人对西太后的评价，大致很低。但是，如果与莫卧儿帝国和奥斯曼帝国的悲惨命运相比较，清朝可以被评价为是非常努力的。在那种炽烈的帝国主义和世界分割竞争的时代中，印度完全被殖民地化，奥斯曼帝国被解体消失了，但清朝勉勉强强保住了大半的领土。西太后为了与政敌和西欧列强对抗，创造了各种各样的策略，对如今的中国，既有积极的影响，也有消极的影响。

本书的目的在于，排除之前错误的民间传说和偏见，真实地刻画出她的一生。在这个过程中，与当代相关的中国社会的深层和中国人的特质等，也就自然而然地变得清晰了。

在实现 21 世纪的日本人能够理解邻国的本质、与邻国构建良好的关系上，希望本书能够略微起一点儿作用。

1

清王朝时代

作为现象的西太后

西太后姓叶赫那拉，乳名兰儿。叶赫由叶赫河（现在的吉林省通河）的音译而来，汉字也有写为"也合"、"野黑"的。那拉在蒙古语里是太阳的意思，汉字也有写为"纳喇"、"纳兰"的。如姓氏所示，西太后的祖先是蒙古人，在早期被满人的一支——海西女真吸收后满洲化了。她的小名兰儿，是汉人女子中常见的名字。

蒙古姓氏和汉人闺名结合在一起的这位满洲女孩，1835年出生于北京。1861年她以年仅二十七岁（虚岁，下同）的年纪发动政变，掌握了政权。作为清朝的最高统治者，她在统治清朝长达半个世纪后，于1908年去世，享年七十四岁。

　　西太后身上有很多的谜。她生于何地，度过了怎样的少女时代？在男尊女卑的中国，她因何能统治四亿百姓？

　　近年来，由于历史研究的进步，带有传奇色彩的民间传说大多被否定，同时颠覆了之前西太后形象的新事实也逐渐变得清晰。

　　中国的正史（官撰史籍）大多是在前一王朝灭亡后一百年左右的时期被撰写的。前一王朝的当事者们在在世期间，很难抛弃利害关系或者感情，来公平叙述历史。并且，在很多情况下，事件的真相在当事者在世时作为秘密被隐藏。在当事者去世后，留下丰富遗物与秘密资料的头一百年，被认为是适合历史叙述的时期。

　　即使从史料方面来看，详查前一王朝的史料就需要百年的时间。例如，现存的清朝宫廷文字记录（所谓的《清宫档案》）就有一千万件以上，因 20 世纪是战争与革命的世纪，这些宝贵的原始史料长时间内并未被认真地研究。由这些研究成果得出的新见解开始被广泛地介绍，在中国也是最近的事情。

　　对西太后的研究，目前正处于这一最佳时期。

　　遗憾的是，日本出版的有关西太后的著作，大多包含了很早以前存在错误的一些民间传说。另一方面，现在中国的书籍仍然被"西太后是人民的敌人"这样的历史观所束缚。之前与西太后的相关书籍中，大多采用了这样的写作态度：西太后是执着于异常权力欲的、像怪物般的突然变异，是与汉代吕后、唐代则天武后并列的中国三大恶女之一。

本书以新的视角来考察西太后，同时着眼于中国社会的基础构造。西太后作为一名妇人被推上台，甘于接受卡里斯马型统治①的不外乎是清朝的臣民。其精神土壤也基本全部被当代中国人所继承。通过分析作为现象的"西太后"，阐明中国人的真实想法以及他们的社会特征与秘密，这才是本书的目的。

作为当代中国原点的清末

俗话说"中国有四千年的历史"，无论是作为中国、中国人的意识，还是北京话、京剧、满汉全席等关于"衣食住行"的生活文化，大多都是清朝的产物。

实际上，当代中国人的历史意识原点，跨过了距离最近的中华民国，呈现在清朝。当代中国的领土、民族构成、地域划

---

① 社会学家马克思·韦伯《支配社会学》提出了支配的三种类型：传统型支配、卡里斯马型支配、法制型支配。其中"卡里斯马"来源于德语"Charisma"，原意为"神圣的天赋"，后引申为具有超凡魅力和感召力的个人领袖。卡里斯马型支配即建立在最高统治者一人的特殊魅力和超凡品质之上。（本书脚注皆为编者、译者所加）

分、语言、生活文化等，都是清朝的遗产。

例如，领土问题也是如此。中国人主张尖阁诸岛①、台湾、香港、新疆、西藏等为中国的固有领土。其理由是，他们深信这些地区在清朝就已经被包含在版图内。"在明代，西藏也好，台湾也好，并不是中国的领土。或者说，在元代，甚至贝加尔湖附近都是中国的领土，为什么不向俄罗斯这样主张呢？"向现在的中国人说这些是没有用的。

19世纪初，中国GDP（国内生产总值）的估算值占全世界的三分之一（肯尼迪《大国的兴衰》）。这基本与现在的美国在世界经济中所占的份额相等。实际上，有些经济学家认为，到21世纪末，中国的经济规模很有可能再一次回到占全世界的33%的比例。

进一步说，如果说其根源，今日意义上的"中国"这个概念最初也是诞生在西太后时代。之前，只有"天下"或者"中原"这样模糊的概念。"中国"、"中国人"这样明确的概念，是在西洋与日本的炮火洗礼下才产生的。在这个意义上，作为国民的中国人与拥有二百年历史的美国人相比要年轻得多，形成国民国家的岩浆仍在沸腾。

在日本，人们只关注中国的爱国教育和历史教科书问题，实际上，与之相比，中国的电视剧更为激烈。反映中日甲午战

———————————

① 即我国钓鱼岛及其附属岛屿。

争中全军覆没的海军悲剧的《北洋水师》，以及在剧中出现清末义和团运动的《大宅门》等近些年热播的电视剧，固执地描绘了清末日本人的"暴行"。如果只看这样的节目，在反日示威游行中出现固执地认为"不抹杀日本，中国就没有未来"这样想法的人，也不是不可理解。姑且不提中国的爱国教育适当与否，确定无疑的是，对于中国人来说，西太后的时代造成了让鲜血倒流般精神上的外伤。

1972 年中日邦交正常化，迄今已有 30 多年。遗憾的是，中日关系难言成熟。中国人误解日本人，日本人对中国民众的民族主义不知所措，这种情况循环反复。日本人深信自己很了解中国。事实上，日本人的兴趣点在 3 世纪的《三国志》、8 世纪的李白、杜甫等，只关心个别时代。关于清末，一般的日本人几乎什么都不了解。如果假设学习日本史的外国人，只知道 3 世纪的邪马台国时代和 8 世纪的奈良时代，一点也不了解江户和明治时期的话，那么能说他们了解当代的日本人吗？对于中国的认识也是一样的道理。

西太后的别称

在日本，一般习惯将其一生通称为"西太后"。本书也沿袭此惯例。但是，严格地说，西太后只是指其生命中一段时期

9

的俗称而已。具体指从 1861 年其二十七岁执政开始到 1881 年
东太后身亡的这二十年间。

在旧社会，女性不被承认是独立的个人。长大成人嫁作人
妇，以娘家的名氏或以显示在夫家地位的名称称呼。一般情况
下，对已婚妇女以其娘家的姓加上"氏"来称呼。如果按照
这个说法，西太后应该称之为"那拉氏"或者"叶赫那拉
氏"。除此之外的称呼变化如下（参照第四章"西太后的徽
号"）。

根据作为后妃地位而来的称呼：

兰贵人→懿嫔→懿贵妃→慈禧皇太后→慈禧端佑皇太
后→慈禧端佑康颐皇太后→慈禧端佑康颐昭豫庄诚皇太
后→慈禧端佑康颐昭豫庄诚寿恭皇太后→慈禧端佑康颐昭
豫庄诚寿恭钦献皇太后→慈禧端佑康颐昭豫庄诚寿恭钦献
崇熙皇太后

谥号（死后的正式名称）：

孝钦慈禧端佑康颐昭豫庄诚寿恭钦献崇熙配天兴圣显
皇后（略称"孝钦显皇后"或者"孝钦"等）

所谓的"鲤鱼跳龙门"也不过如此了。当然没有必要

记住上面所有的名字，为了读她的传记，知道最开始是"兰贵人→懿嫔→懿贵妃→慈禧皇太后（俗称西太后）就足够了。

她在晚年的时候，让宦官和宫女们称呼她为"老佛爷"，让外甥光绪帝叫她"亲爸爸"（亲生父亲）。

在当代的中国，作为伴随其一生的称呼，有慈禧、孝钦、叶赫那拉氏、西太后。最常用的还是"慈禧"这个称呼。

多民族国家

在日本，清朝被理解为是一个以少数满族人支配压倒性多数汉人的征服王朝，但事实稍有不同。

例如，西太后是满族旗人女子，但祖先是蒙古人，母语和名字是中文（汉语）。

清朝的诸位皇帝在血统上是满人、蒙古人、汉人的混血，不是纯血统的满人。在清朝，后妃都是从八旗（满洲八旗、蒙古八旗、汉军八旗）的女子中选拔，这一独特的后妃选定体系"选秀女"（后述），经过世世代代造成了皇帝血统的混血化。如果单纯地从清朝皇帝的DNA来看，努尔哈赤（太祖）和皇太极（太宗）是纯粹的满族人，顺治帝（入关后的第一代皇帝）是满族和蒙古族各占一半的混血，之后的诸位皇帝，都是满、蒙、汉的混血。其中康熙帝（第二代）和嘉庆帝（第五代）的生母是汉人八旗，DNA方面有一半的汉人血统。平均来看，清朝的皇帝是"满、蒙、汉的混血。发型和服装是满人，说话是中文（汉语）"。

10世纪到20世纪初的中国历史，本来就是汉、满、蒙"三强"轮流统治：10世纪的北宋（汉）和辽（蒙），12世纪的南宋（汉）和金（满），13世纪的元朝（蒙），14世纪的明朝（汉），17世纪的清朝（满），汉人建立的王朝只有宋朝和明朝。以北京这座城市为例，从辽到清朝灭亡的一千年间，汉人统治下的时间只不过是明朝的二百七十七年。

即使从历代王朝的领土面积来看，汉人的宋朝或者明朝，只不过是统治了现在中华人民共和国领土的一部分而已。但是，满蒙系的元朝和清朝，将广大的区域并入了中国。台湾、西藏、新疆、满洲（汉语称"东北"），都是满蒙系王朝的遗产。

在中国，汉、满、蒙三强同回族（伊斯兰系）、藏族（西藏）合称为"五族"。无论是过去还是现在，占中国人口压倒性多数的都是汉人，满人和蒙古人以超过人口比例的存在感创造了中国的历史，集大成者为清朝这一多民族国家。

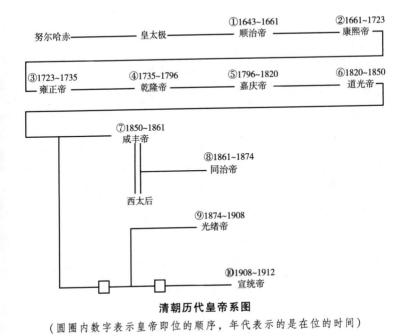

清朝历代皇帝系图

(圆圈内数字表示皇帝即位的顺序，年代表示的是在位的时间)

清朝的建国与八旗的历史

"满洲"是由族名音译而来。日语中作为地域名称来使用，汉语中只是作为族名来使用。在中国，因与日本曾经建立的"满洲国"（1932～1945）有关系，所以如今在中国忌讳将满洲作为地名使用。

满人的祖先是居住在中国东北森林地带半农半猎的女真

族。"女真"这一发音在历史上写成各种各样的汉字，在上古时代写为"息慎"、"稷慎"，在古代写为"肃慎"，在中世以后写为"女真"、"女直"。也有说法认为，与日本有过交流的渤海国（698～926）是高句丽遗民和女真族的联合国家，但不是很确定。

女真族最初建立的强大国家，是以中国北部为领土，与宋朝相对峙的金。当时，女真族用汉字"女真"表示。金虽然被蒙古国所灭，但是女真族在其发祥地的半农半猎生活一直在延续。族名所标记的汉字也由女真变为女直。

1368年，汉人建立明王朝后，间接地将女真族置于统治之下。16世纪末，日本的丰臣秀吉出兵朝鲜半岛，与明军交战，因此导致中国东北部明朝的军事力量被削弱。以此为契机，建州女直的一个首领努尔哈赤于1615年组织八旗兵，统一女真族，第二年1616年建国，取国号为金（史称"后金"）。

努尔哈赤死后，其子皇太极继位，改国号为清，民族的自称也由女真族改为满洲。然后，在原来满洲八旗的基础上，追加编成蒙古八旗和汉军八旗，合计二十四旗。

1644年，明朝灭亡后，清军立刻跨过万里长城进入中原，称为清军"入关"。之后，清以北京为首都开始统治全中国。

构成满人社会核心的八旗，是兼具军事组织、社会组织、行政组织功能的制度。与江户幕府时代的直参旗本非常相似。

日本武士将冠下额边头发剃成半月形，从幕府得到土地与金钱，其义务是忠诚于将军。同样，属于清朝八旗的旗人，将头发束起，分给其称为"旗地"的土地，承担服兵役的义务。如江户幕府分为谱代和外样大名，清朝也将八旗分为皇帝直接管辖的上三旗和除此之外的下五旗。最初，两者没有等级上的上下之别，但是随着时代的发展，直属皇帝的上三旗的地位逐渐提高。

西太后的家族属于下五旗的镶蓝旗。

叶赫那拉的诅咒

清朝建国前夜，在中国东北某地，西太后的先祖"叶赫部"（"部"为部族联合之意）与努尔哈赤争霸失败，被其吞并。叶赫部为海西女直，努尔哈赤为建州女直，同样是满人，但体系稍有不同。

围绕此事件，民间流传着"叶赫那拉的诅咒"的传说。

被努尔哈赤灭亡的叶赫部的首领布扬古临终之际诅咒说："我叶赫部的子孙，就算只剩下一个女人，也要消灭满清。"听闻此言的努尔哈赤规定："今后，绝不选叶赫那拉的女子为后妃。"作为皇帝的后代子孙也代代遵守这一规定。但是，到了清末，咸丰帝（第七代）违背祖训，允许叶赫那拉的女子进入后宫。这就是西太后。果不其然，咸丰帝死后，她坐上了权力的宝座，直至清朝灭亡。

这一传说有各种版本。诅咒者的名字，有时是布扬古，有时是杨吉奴（仰家奴），有时是金台石（锦台什）。

这个传说很有名。因此，在西太后的评传中必定言及。但是，究其根本，都是没有根据的传说而已。恐怕是清末对西太后有反感的人们制造的谣言。根据史实，西太后的祖先叶赫那拉氏，作为努尔哈赤的臣民，被努尔哈赤的满洲八旗吸收后作为"满洲贵族八大世家"之一被优待。叶赫那拉的男子中也有担任宰辅和高级官吏的人。说起来，努尔哈赤的孝慈皇后就是叶赫那拉氏，皇太极、乾隆帝（第四代）的嫔妃中也有叶赫那拉氏，因此没有"绝不选叶赫那拉的女子为后妃"这一规定。

关于西太后，与史实相悖的传说很多，所以必须注意。

王朝的平均寿命

在现代的中国，一般将清朝入关时的皇帝顺治看作事实上的第一代皇帝，最后的宣统皇帝（溥仪）是第十代。本书也依照中国的这一惯例。

顺治帝以后，康熙帝、雍正帝、乾隆帝是三代有名君主，是清朝的黄金时代。清朝的领土，在乾隆帝在位时达到最大。一直延续到之后的嘉庆帝、道光帝。

虽然道光帝既不是昏君也不是暴君，但是因爆发了鸦片战争（1840年）等事件，所以在其统治期间清朝明显走向衰退。

清朝的户籍人口，在康熙帝时达到一亿人就停滞了。但是之后在一百五十年的时间内激增了四倍，至西太后出生之前人口达到了四亿大关。在地球上的人类中，每三人中就有一人是清朝人。如果从占世界人口的比例来看，清朝乃超级大国。但是，在不伴随产业革命的情况下而出现的人口爆发，带来的只是人均耕地面积的激减、社会的贫困化、官僚机构的增多，从而致使清朝国力衰退。

在此前中国的历史经验中，一个王朝的寿命最多也就是二百几十年。某王朝建国后，如果和平持续、人口急增的话，社会就会贫困化，内忧外患接连不断，最后王朝落败，新的王朝开始。如此反反复复。西太后出生时，清朝建国已经过了二百年以上，是"大清气数将尽"的传言在朝野间开始扩大的时候了。

出生地之谜

西太后出生于道光十五年十月十日（公元1835年11月29日，以下依旧历），是满洲中坚官僚惠征之女。说到出生地，虽然终于要进入她的传记，但是不得不暂且停笔。

事实上，其出生地不明，有各种传说。"可信"的传说就有六种。南方出生说有两个地方（安徽芜湖、浙江平湖），北方出生说有四个地方（北京、内蒙古呼和浩特、甘肃兰州、山西长治）。此外，还有各种不出名的传说，数不胜数。

这比邪马台国的九州说和近畿说还要混乱。内蒙古和浙江的距离，与北海道和九州的距离差不多。北京离兰州就跟东京离首尔差不多远。只是一百七十年前的事情，而且是西太后这样的名人，其出生地竟然不明，日本人对于这样的事是难以置信的。其中一个原因是，近代以前的中国社会男尊女卑过于极端。通常，妇人的经历并不能像男子那样被详细地记录。即使是西太后这样的人物，也是如此。

各种传说中，很久以前作为定论的是安徽芜湖说。

南方出生说

"西太后生于安徽芜湖"这一传说，据各种书籍来看，除在细微的部分描述有出入外，其共同之处概括如下。

西太后的父亲惠征，任安徽宁池太广道（"道"是行政单位，与日本的北海道的"道"相同。下辖五府一州二十八县，治所在芜湖）的道员（管辖地方行政的官职，敬称"道台"），其家属也随行赴任。

西太后就是在其赴任之初出生的。她从幼年时代就聪明、可爱，声音甜美，最擅长唱南方优雅的歌曲。后来惠征因为财政亏空被问责而丢官。一家失意之际，决定返回故乡北京。祸不单行，途中惠征病故。剩下的家族成员，因为旅途中陷入贫困，不知所措。所幸的是，他们得到了当地知县吴棠资助的三百两白银，一家人才得以回到北京。

北京的生活也很艰难。声音甜美的西太后，靠在葬礼上担任"哭丧女"来赚钱养活母亲和妹妹。成长为美少女的西太后，作为宫女得以进入圆明园。一天，咸丰帝在圆明园散步，树荫下听到了甜美的歌声，是南方优雅的歌曲。咸丰帝不由得驻足倾听。由此，西太后得到皇帝的宠爱，并生下了皇位继承人（后来的同治帝）。

数年后，西太后掌握朝廷的权力，提拔地方知县吴棠至要职——四川总督，以报答其资助之恩。

西太后是出生在南方的灰姑娘这一传说，因其传奇而有趣，被很多小说和电影选作素材。但是，这一传说随着历史研究的深入，已经被证明是与史实相悖的虚构的故事。西太后的父亲惠征去安徽省赴任时，以皇帝名义发布的任命书，如今已被发现。据此得知，惠征去安徽赴任的时间为咸丰二年（1852年），而此时西太后十八岁，已经作为咸丰帝的嫔妃入宫。

安徽省之外的南方出生说，也因与可靠的史料有相矛盾之处，没有被史学界认定为史实。

与考证南方出生说的真伪相比，更吸引笔者的是为什么会有这样的说法，以及产生此说法的中国人的精神土壤。南方出生说的背后，隐约可以发现南方人的北京情结。

经过元、明、清三个朝代六百多年，南方人逐渐屈服于北京政权的统治。在文化和经济方面，与北方人（北方的汉族和满、蒙两个强族）相比，南方人更胜一筹。但是，在军事和政治方面，经常是北方人占绝对优势。即使南方人建立的明王朝及其在南京的第二代皇帝建文帝，也被其叔父北京的燕王（永乐帝）攻打消灭。北方的军队很强大。清末的太平天国也将首都定在了南京，可最后还是被北京政权（清朝）消灭。"军队南下，文化北上"这一世界历史的经验，也适用于中国。

除了西太后，关于清朝的皇帝与后妃，"顺治帝宠爱的董鄂妃，实际上是汉人"、"康熙帝实际是汉人农妇之子"之类与史实相悖的民间传说很多。南方的汉人，其情感大概有些扭曲吧。

除此之外，"西太后出生于呼和浩特，由回民乳母养大"、"西太后是山西农妇之女"等说法，在各个地方都有各种各样的"证据"或者口口相传，当地居民都很相信。这些传说都能通过史料进行否定。但是，北方出生说，使人能或多或少地感觉到当地居民对西太后的亲切感，很有意思。

北京出生说

大家一致认为，西太后的出生地十有八九是北京。

西太后出生的道光十五年（1835年）十月十日，其父亲惠征在北京官署工作。这一史实，通过研究清朝的公文，如今得以明了。西太后的母亲佟佳氏，大概是在北京自己家里生的西太后。按照当时社会的一般想法，这是最自然的。佟佳氏因为生育子女而回到娘家的可能性不大。为什么这么说呢？因为当时佟佳氏的生父（西太后的外祖父）与家族一起，已到远离北京的呼和浩特赴任。如前所述，也有呼和浩特出生说，但这种说法有点勉强。佟佳氏离开北京丈夫的身边，怀揣大肚，特意跑到内蒙古边境城市进行长途旅行的必要性是完全没有的。

现今，发现了西太后的妹妹于咸丰五年（1855年）参加后妃选拔的记录。据此，其住址是北京的"西四牌楼劈柴胡同"。西太后出生是在二十年前，那个时候和家人同住在一起的可能性非常大。结果，只要翻阅现存可靠的史料，得出的最合理的结论就是西太后出生于北京市普通胡同内。

另外，西四牌楼劈柴胡同，如今已更名为辟才胡同，位于繁华的西单附近。遗憾的是，由于进行道路拓宽工程，当时的胡同已完全消失，现在到处林立着写字楼、大型商场、住宅楼。在内蒙古的呼和浩特与山西的长治，有"西太后在此出生"这样根深蒂固的民间传说，如果去当地的城市，他们会主动谈论。可是，在北京居民中完全没有这样的传说流传。并且，北京市民对于西太后的出生地完全不关心。应该说这是首都市民的从容吧。

中坚官僚之家

西太后从不谈论有关自己的少年时代和娘家的事情。因此，才出现很多纯属无稽之谈的传说。《清稗类抄·宫闱类》之《孝钦后自述》里，晚年的西太后曾经说过："我自幼受苦，父母不爱我，而爱我妹。"对于她的过去只能了解到这种程度。

中华人民共和国成立后，随着历史研究的进步，种种有关西太后娘家的原始史料被发现。西太后的父亲身为中坚官僚，正值飞黄腾达时，却遭遇不测而身亡，这好像也是西太后对于自己的娘家终生保持沉默的原因之一。下面介绍一下西太后娘家的实际情况。从中可窥探与现代社会也相通的工薪族家庭的悲欢离合。

像日本的藤原氏从如摄关家一样的精英变为了穷人的人有很多。满洲贵族八大世家之一的叶赫那拉氏也是如此，其内部家族的生活水平也各有不同，西太后的娘家处于中等。在一部分评传中，她家既不是贫穷的旗人之家，也不是下级旗人。

西太后的娘家属"镶蓝旗满洲"（带绿色的蓝色旗帜的满人）。如前所述，八旗分为皇帝直属的上三旗和下五旗，镶蓝旗属于下五旗之一。咸丰十一年（1861年），西太后一成为"皇太后"，其家族的旗就升级为上三旗之一的镶黄旗。

西太后的父亲，姓叶赫那拉，名惠征。与汉人的名字不同，旗人一般只使用自己的名字，并不冠以姓氏。因此没有必要写成"叶赫那拉·惠征"，通常只写作惠征。

惠征的家族，世世代代中坚官僚辈出。清朝官吏的等级，从最高正一品到最低从九品，共分为九品十八级。此外，在这之下还有无数没有品级的官吏。

西太后的曾祖父吉郎阿最终官职为刑部员外郎（从五品），祖父景瑞为刑部郎中（正五品），父亲惠征最终官职为道员（正四品）。在清朝的制度中，原则上只有四品以上的官员才可以面见皇帝。西太后的父亲应该发迹到像江户时代的具有"御目见得"（谒见）身份的旗本武士一样，虽称不上是高级官吏，但在官员中也可以说是相当成功的。

惠征生于嘉庆十年（1805年），四十九岁去世之前一直仕途平坦。现存的人事记录中可以确认的是，惠征的仕途经历是从道光十一年（1831年）的"笔帖式"开始的。笔帖式是限于满洲旗人从事的一般事务之职，是写作公文、进行满汉翻译的书记官。官位低下，但是因为在北京的中央官厅工作，容易被身居要职的人物记住。另外，有从事笔帖式工作经历的人，大概之后较容易发迹。

惠征十数年都在认真做着笔帖式的工作。多年以后，西太后能够作为秀女进宫，多亏其父惠征从事笔帖式时积攒的人脉与声望。

少女时代

西太后出生时，其父惠征作为吏部二等笔帖式在北京官厅工作，已有一兄长（照祥），西太后（乳名兰儿）是长女。此后，弟弟（桂祥）和妹妹（乳名蓉儿，后来光绪帝的生母）出生。兄弟的生年不详，但有人说桂祥小她14岁，也有人说照祥也是弟弟。

西太后的生母是佟佳氏，其父好像没有其他的侧室。佟佳氏的娘家是官宦名门。西太后的外祖父惠显，担任过安徽按察使、驻藏大臣、工部左侍郎、京营右翼总兵等要职，西太后出生之时，如前所述，正任职于归化城（内蒙古呼和浩特），担任副都统（正二品、武职）这样的高级官职。在官僚等级方面，与父亲一方相比，母亲娘家更胜一筹。西太后的才干，出乎意料地可能遗传自母亲。

惠征家世世代代出中坚官僚，因此西太后的兄弟自年幼开始，大概就为成为笔帖式而学习。任何国家的官僚可分为经过考试及格的和不经考试的，文化要求不同。为了成为不经考试的笔帖式而进行的学习是以实学为志向，与经过考试及格的这类所进行的应试学习不同，后者要参加堪比登龙门的科举考试。提供给不经考试的人的参考书，都是公文书的标准例文集，或者是官撰的历史书《御批通鉴辑览》（因在栏外带有乾隆帝的评论，所以冠以"御批"二字）等。旗人子弟虽然能够参加科举考试，但通过很难。没有发现西太后的兄弟们以参加科举考试为目的进行学习的相关证据。

可以想象，少女时代的西太后，是在旁边偷偷看着哥哥或弟弟在学习不经考试的人用的参考书长大的。作为当时的妇女，多年以后的西太后能够读写公文是很罕见的（但是大多是错字、白字）。另外，她也能够理解官吏心中恐惧什么，希望什么，以及世路人情的微妙。西太后的能力大概是拜少女时代的家庭环境所赐。

突来的灾难

道光二十三年（1843 年）三月，在西太后九岁时，惠征一家卷入了一场意想不到的骚乱中。

在此前一年，发生了户部银库的工人们利用监督官员的疏忽盗取官银的事件（当时的中国是银本位制，税金都是银纳）。道光帝在此事件后，对国库的银库保管情况甚为关心，并下令调查鸦片战争结束（1842 年）后的银库保管状况。调查的结果表明，实际的官银保有量比账本上所记载的官银保有量少了九百二十五万二千多两。因为当时国家的年收入大约为四千万两，所以这是个巨大的数额。查看了调查报告的道光帝勃然大怒，用朱砂批注了"朕自咎无知人之明，抱愧良深。"朱砂批注乃是皇帝在奏折中用红色字体书写的意见和决定。

官银的缺失，是管理者长年玩忽职守、由少量侵占而聚少成多的结果，不是能够特别指定犯人的事件。但是，道光帝决意以此为契机，彻查官僚腐败。道光帝决定追查银库过去的在任者，处罚所有的相关官员，让其返还缺失的银两。因此，命令相关官厅制作详细的银两偿还规则。此事件所涉及的官员数量庞大，根据其各自的职责和在职时间，推算偿还的金额，以两年为期限，向政府偿还。即使自己没有侵吞银两，如果不按照规定金额如数偿还，那么也将要接受被收监的处罚。已故者也不例外，将由其子孙代为偿还。

不幸的是，西太后的曾祖父吉郎阿，曾担任过三年的银库员外郎。据推算，吉郎阿应返还的银两为四万三千二百两。但因其已经身故，所以由西太后的祖父景瑞代为偿还一半的银两，即两万一千六百两。即使这样，这也是一笔相当大的数额，不是简单地就能支付的。

如果换算成现在的货币，大概是多少呢？清朝的一两白银大约为 37 克，此重量的白银根据成色的不同也有微妙的差异。

如果按照 2005 年白银的市场行情折算成日元的话，37 克白银相当于 1000 日元。但是，随着银矿挖掘技术的进步和银本位制度的废止，白银的价格已经跌落到清朝的数十分之一。一两白银等于 1000 日元，按这样的行情追溯到当时换算的话，是不合适的。实际上，在整个清朝时期，对于物价而言，白银的行情起伏相当大。一两白银的价值换算成现在日本货币的话，只能估算为在 1 万~10 万日元之间浮动。假设取中间数，按 5 万元计算的话，西太后的祖父在两年内应偿还的金额约为 10 亿日元。

按照清朝官员俸禄的规定，像其祖父景瑞这样的五品文官年俸为八十两（基本工资）。如果按一两白银可按 5 万日元的汇率换算的话，他的月俸相当于 400 万日元。如果是在京官员（在中央官厅工作的官员），还有与叫作"恩俸"的基本工资数额相同的津贴，相当于基本工资每一两白银给米一斛，发给现物。顺便说一下地方官员，他们还有相当于基本工资数十倍的养廉银（为了防止官员受贿和贪污的特别津贴），以及来自民间的贿赂等，与官位相同的在京官员相比，收入一直很好。

无论西太后的祖父还是父亲，当时都是在京官员，不能享受地方官员"副收入"的好处。看见两年之内返还金额白银两万两以上，一家人大概会深深地叹气吧。对于数年后的西太后来说，这只不过相当于零用钱而已。

天意难测

西太后的祖父景瑞当时担任刑部郎中。刑部相当于现在日本的法务省和警察厅合并在一起的官厅，郎中相当于负责人这一级别。如果在期限内不能返还规定的金额，按照返还规定在革职的基础之上还必须入狱。

但是，即使被上级督促，景瑞也故意一点儿一点儿地拿出来，只偿还了一小部分。在中国有句俗话说，"上有政策，下有对策"。当时已经过上官员生活三十余年的景瑞，并没有将这放在眼里，大概认为事情会在数年之后稀里糊涂地结束吧。

但是，道光帝是认真的。此时，乾隆时代的繁荣已经远去，政府还在鸦片战争后的财政困难之中挣扎。

道光二十七年（1847 年）五月六日，西太后十三岁时，因偿还拖延，道光帝在要将景瑞收监于刑部大牢的奏折上写上了"依议"二字，批准。当天，景瑞被剥夺了刑部郎中的职位，并且被关入刑部大牢。因为景瑞并非刑事犯，大概没有受到拷问和虐待。毕竟是自己工作地的牢房，收监者也好，被收监者也好，想必都会很尴尬。

西太后的父亲惠征是景瑞的次子。他和兄弟一起为了景瑞能够被释放而奔走。向各方陈情，变卖家产，到处借钱，分期将偿还金上缴政府。

两年后的道光二十九年（1849 年）五月，西太后十五岁时，景瑞的欠款向政府偿还完毕，勉强累计达到了规定金额的六成。虽不是全额，但也是相当于大约 6 亿日元的巨款。道光皇帝批准释放景瑞，官复原职。但是，复职时景瑞已经超过了当时规定的官员退休的年龄六十五岁，不久之后就引退了，结束了官场生涯。

以上国库银偿还的骚动，在社会人情骚然不宁的当时，只不过是相当于"杂音"的小事件。但是，对于西太后一家而言，却是事关存亡的大事。灾难好像从天而降，在十几岁多愁善感的少女西太后心中，应该留下了深刻的印象。臣民的命运由皇帝在奏折中短短的数十字的朱批而决定。作为少女的她，大概旁观了大人们因国库银两偿还事件东奔西走，而发出过"天意难测"这样的叹息吧。

虽说祖父并非贪污而没有必要特别地担心，但是，自尊心很强的西太后，好像认为祖父的入狱是对自己一家的侮辱。这可能也是数年后她对于自己少女时代的事情一直保持沉默的原因之一。

说到"天意难测"，西太后的祖父也是倒了大霉。

国库银两偿还事件发生的前一年，道光二十二年（1842年）四月二十五日，道光帝接见了晋升为四品官的景瑞。之前，景瑞作为中坚官僚仕途平坦，在每三年进行一次的中央官员考察的"京察"中，被评为一等。随后，决定晋升其为江苏知府（从四品），有面见皇帝的荣誉。从现职的郎中（正五品）晋升为知府，并且任职地是富饶的江苏，景瑞期待着有更多的"副收入"的好处，所以满面喜色地去拜见皇帝。

但是，在道光帝的眼里，景瑞这样的表情看起来似乎很愚蠢。当天，道光帝发布内容为"本日召见拣发江苏知府景瑞、钱相，察其才具平庸，俱不胜知府之任"的圣旨。因此，景瑞和钱相晋升知府的决定被取消，官复原职，甚至"京察"一等的评定也被取消了。

想必景瑞很沮丧。或许他在国库银偿还骚动中故意只是一点儿一点儿地拿出银两偿还，就是因这时的怨恨所致吧。

西太后的祖父是否真的很平庸？道光帝可能因为鸦片战争而不开心，多少有些影响。不管怎么说，确实是"天意难测"。

赴呼和浩特

西太后的父亲，与祖父不同，没有被道光帝盯上因而顺利地发迹。现存的清朝人事记录，虽有些地方有所欠缺，但惠征在任职笔帖式数十年后，于道光二十六年（1846年）担任吏部文选司主事却是可见的。按照当时的惯例，有经验的笔帖式一旦任职主事，以后会接连晋升。惠征也是如此，道光二十八年（1848年）晋升为吏部验封司员外郎，道光二十九年二月被道光帝评定为"京察一等"，之后的闰四月出任山西归绥道道员。惠征的父亲景瑞被释放是在次月。惠征仅仅用了三年，就从主事（正六品）连跳四级，晋升为道员（正四品）。因为道员是正四品，比景瑞没能担任的知府（从四品）要高一级，因此惠征在官位上挽回了父亲的损失。

山西归绥道，是山西四道之一（如前所述，道是行政单位的称呼），包含接壤的两个城市——归化城和绥远城，治所设在归化城。汉语"城"是城市之意。之后，归化城和绥远城合并为归绥城。中华人民共和国成立以后，因为"归化"和"绥远"是使用汉人中心主义用语的地名，不利于民族团结，所以在1954年改称为呼和浩特市（在蒙古语中是"青色的城市"之意），一直沿用至今。如今的呼和浩特市，虽然在近代是大城市，但是在当时是满、蒙、回三个民族居住的边境军事城市。土地虽不富饶，但它是连接中国内陆与内蒙古的交通要塞。

在旧中国，规定地方官任期满三年就要人事调动。这是为了防止官员在任职地"扎根"、与当地人勾结而采取的一项措施。如果算上往返旅程和准备时间，实际在任职地的时间大多约为两年半。按照当时官员的习惯，大概惠征在任职的三年期间也有家人陪伴。

对于在北京出生长大（推测）的西太后，这是她第一次在乡下生活。归化城虽是边境，但这里曾经是西太后的外祖父任职副都统的地方。其外祖父当年的部下应该还在当地官府任职，对于惠征一家来说，这可能是个出乎意料的容易生活的地方。

对于西太后来说，在归化城的生活，是和家族成员一起生活的最后时光，一直到她十五岁。十五岁是当时适合结婚的年龄。但是，作为旗人子女的义务，是必须参加三年一次在北京皇宫举行的"选秀女"活动。如果没有参加过，就不能随便结婚。

清朝的后妃选拔

"选秀女"是清朝独特的后妃选拔制度。所谓"秀女"，一般都是皇帝妃子或宗室夫人的候补。在清朝，皇帝亲自对那些到了适合结婚年龄的少女进行集体面试，选拔秀女。参加者中的极少一部分人能够被选为秀女。实际上，对于旗人女子而言，选秀女其实就是象征通过考核的仪式。

在清朝初期，有两种选秀女活动。与为了选拔后妃和宗室夫人的选秀女不同，选拔在宫中工作的宫女也被称为选秀女。这两种选拔完全不同，参加者的社会阶层也不同。在西太后的时代，说起选秀女，只是指前者——为了选拔后妃和宗室夫人的选秀女。一部分野史中错误地认为"西太后最初是作为宫女入宫的"，其实就是混淆了这两种选秀女。

　　当时道光帝已经年过六十五，可以继位的皇子也很多，已没有必要选择孙女一样年龄的妃子。而且如果从参加选秀女的女子这一方面来看，万一被选为不知还能活多久的年老皇帝的妃子，有可能年纪轻轻就成为寡妇。如此一来，会在后宫中的一个角落里过着无聊透顶的生活，直至去世。因此，此时参加选秀女的少女们的目标大概是被选为秀女，成为宗室夫人。

　　祖父景瑞曾因面见道光帝失败而错失升迁机会这样的记忆，还历历在目。可以想象，西太后在归化城内为了选秀女的面试而反复练习。

　　但是，命运在悄悄改变。道光三十年（1850年）正月十四日，道光帝驾崩，享年六十九岁。先帝的第四个儿子继位，时年二十岁。这就是咸丰皇帝。命运使然，西太后参加的选秀女活动，变成了新皇帝后妃的选拔。

2

紫禁城内

咸丰帝即位

　　道光帝是个强势人物。

　　道光帝即位时已经三十九岁了。跟年号"道统光大"的意思相同，道光帝努力遵守祖先的道统，维持清朝国力。虽然有过在鸦片战争中败给英国的痛苦经历，但是在平定新疆回部的骚乱、巩固清朝的统治这一点上，当代的中国也给予其很高的评价（但似乎被当地的少数民族所怀恨）。他还煞费苦心地健全国家财政制度，努力肃清官僚腐败。西太后一家也被卷入其中。总之，道光帝是一个越战越勇的老练的政治家。即使从现存的画像来看，他也是一个长相精明之人。虽称不上明君，但也并不是被一些史学家批评得一无是处的昏君。

与此相比，他的儿子咸丰皇帝，从即位之初似乎就处于重重危机中。

首先，咸丰帝即位时的年龄只有其父亲的一半左右，二十岁。如果按周岁的话，是十八岁。并且，从作为皇子时起，其政治能力就遭到怀疑。如后面所描述的一样，他在同无论实力还是年龄都与其不相上下的弟弟的激烈争斗中，采用了一种违规手法，才好不容易被其父道光帝指定为继任者。

新年号"咸丰"，是"大家共同富裕"之意。当时的中国，因出现未伴随产业革命的人口暴增，以及鸦片贸易所造成的白银大量外流，经济年年恶化。在时年二十岁的皇帝的领导下，已建国二百多年的古老大国能否挽回国力，答案并不乐观。

不管怎么说，年轻的咸丰帝决定在即位的第二年咸丰元年（1851年），按照惯例举行选秀女，选拔后妃。他还是皇子时作为嫡福晋迎娶的萨克达氏，在他即位前就已去世（后追谥为孝德皇后）。皇后和妃的位置空缺。

在此，关于年号简单解释一下。中国从明朝太祖（洪武帝）开始采取"一世一元制"。一个皇帝在位期间，一直使用一个年号，不改年号。日本也从明治开始采用一世一元制，但与中国的年号有很大的不同。在日本天皇驾崩时，即使是年中，也要改为新年号。例如，昭和六十四年一月七日的第二天是平成元年一月八日。但是在中国，旧年号一直使用到皇帝驾崩这一年的年末，新年号会在第二年正月开始使用。对于还留着去世亲人余温的年号，作为儿子的皇帝立刻就更改的话，会被认为违反孝道。因此，咸丰帝即位的那一年是道光三十年，即位的第二年才变为咸丰元年。

清朝的后宫制度

与日本和西洋不同，中国原则上不承认女人当皇帝（中国历史上只有一位女人成为皇帝，即则天武后，生前被剥夺帝位，作为皇太后对待）。因此，皇帝的首要任务，就是要留下继位的男孩。历代王朝，在后宫制度上煞费苦心，就是为了不让男孩断绝。

但是，并不是单纯扩大后宫的规模就会更好。例如，晋武帝每晚在住有一万名宫女的宏大后宫中乘坐羊车巡视，因为要在羊驻足的房间过夜，所以宫女们都在自己的屋前放上羊喜欢的盐（这就是日本饭店里的"盐堆"的起源）①。据说，正是由于修建如此大规模的后宫，才导致武帝的短命。明末后宫的规模达到宫女九千人，太监十万人。在这里出生的大部分皇帝并不优秀。并且，由于人数过增的太监干涉政治，明朝国政陷入大乱。

至于明朝出现愚帝登台的原因，则在于后妃选拔制度的不成熟。明朝的诸位皇帝，在选拔后妃时，不在乎女子的品德和

---

①　即"羊车望幸"的故事。

家世，只根据"姿色"进行选拔，并让她们生育皇子。少数民族出身的纪淑妃，虽然生下了明朝一代贤君弘治帝，是一个成功的例子，但是此贤君的儿子正德帝却被说成明朝愚帝。能否成为贤君，与皇帝的资质好坏息息相关。

清朝将明朝作为反面教材，与数量相比更重视质量，改善了后宫制度。入关后的第一代皇帝顺治帝，将后宫的太监人数减少至明末的十分之一。此后，太监人数进一步削减，到乾隆帝以后，太监人数被控制在不超过三千人。并且，在清朝，明令禁止太监干政，如果太监干涉政治要被处以死刑。因此，太监垄断政治的事情，整个清朝一次也没有发生过。

此外，顺治帝在位时，后妃选定制度"选秀女"趋于完备。明朝的选秀女注重女子的容貌与姿色，甚至在密室内要裸体进行身体检查。清朝的选秀女重视女子的品德与家世，至少在原则上没有根据容貌与姿色选拔后妃。

由优秀的母亲生下的清朝诸位皇帝，大部分很聪明。此前的中国，一个朝代能出一个明君就很不错了。但是，在清朝连续出现了康熙帝、雍正帝、乾隆帝三代明君。这在中国历史上是绝无仅有的纪录。

另外，此前的中国，如汉代吕后和唐代杨贵妃的时代，屡次发生外戚（后妃的娘家一族）垄断国政的事情。但是在清朝，外戚干政的事情一次也没有发生。这也是选秀女的好处。

清朝选秀女的最大特征，就是将秀女（后妃候补）限定为八旗女子。能成为皇后和嫔妃的，只能是旗人（满洲八旗、蒙古八旗、汉军八旗）之家的子女。因此，能防止清朝的皇室被汉人同化、吞没。

照此说，选秀女对于清朝来说好像是理想的制度，但是也有副作用。清朝的历代后妃大部分不是美人。不过，外貌之类问题其实无所谓。

据说乾隆帝的香妃是个绝代美女。目前，其肖像画留有三种。其中两种是油画，据说是耶稣教士朱塞佩·伽斯底里奥内（中文名为郎世宁）的画作。其中一幅，就是所谓的"香妃戎装像"，所绘女性并不能说是个美女。历史学者中多数认为香妃是虚构的人物，其原型是从新疆嫁到乾隆帝身边的容妃。因此，西洋画所描绘的不明女子并非香妃，这一说法已成定论。

容妃是新疆维吾尔族名门和卓氏的女儿，虔诚的伊斯兰教徒。其一族因在清军远征新疆中立了大功而移居北京。清朝有后妃必须是旗人子女的规定，但乾隆帝出于希望与维吾尔族强化友好关系的政治意图，作为特例将容妃留在宫中。她深受乾隆帝的宠爱，度过了幸福的一生，于乾隆五十三年（1788年）五十五岁时去世。与稗史中流传的香妃的悲剧截然不同。

这姑且不提。从"香妃戎装像"所描绘的那种程度的容貌也能被看作是美人这一事实来看，大概可以知道清朝的后妃大都不是美人。

年轻时的西太后在清朝后妃中，还算是个美人。

清朝后妃的等级

清朝后宫的女性，不同时代稍有差异。自康熙帝开始，分为八个等级。排在首位的皇后（一名）是皇帝的正妻，是特殊的人物。皇后之下是侧室，从上到下分为七个等级，依次是皇贵妃（一名）、贵妃（二名）、妃（四名）、嫔（六名）、贵人、常在、答应。贵人以下没有人数规定。服侍的宫女和太监的人数、每年给予的补贴以及礼仪上座位的排序等，都有各自的规定。这些后妃，就是坐在主人席位置上的人，被称为"内廷主位"。但是，真正的"主人"只有皇后，其下面的妃嫔是为侍奉皇后而存在的。

咸丰帝在世时，西太后只是一个贵妃。因此，她称比自己小两岁的皇后（东太后）为"姐"。咸丰帝去世后，这种差别还继续存在，直至最后西太后也不得不忍受位于东太后下座的位置。就连陵墓的位置，西太后也建在了下座的位置。

在此之外的后宫女性有女官和宫女。按照清朝规定，女官和宫女也限于旗人，禁止汉军八旗以外一般汉人女子进宫。

女官为了工作要有相应的教养，另外服装在内的种种花费很多，所以大多是大臣或者官宦等富裕阶层的女子。

与之相对的，宫女大多是下等旗人家的女孩。因宫女是佣人，所以不存在得到皇帝的宠幸。不过也有例外，但从宫女晋升为嫔妃的例子非常稀少。例如，为咸丰帝生下次子（出生不久就去世）的玫贵人出身微贱，最初就是宫女。还有，民间传说的"西太后最初是在圆明园干活的宫女"，是与史实相悖的错误说法。

女官和宫女一般二十五岁左右就退职离开后宫。女官退职时有可能被皇帝和皇后赐婚。

另外，后妃不会退职，会在后宫度过一生。皇帝去世后，住在后宫东西十二宫的后妃要移居到被称为"紫禁城中的寡妇院"的慈宁宫，此后过着烧香拜佛的生活，直至去世。

道光三十年（1850年），道光帝驾崩，其嫔妃一起移居至慈宁宫。继位时年二十岁的咸丰帝，第二年决定进行选秀女。选秀女每三年举行一次，这次正好成了新皇帝的第一次选秀女。世间所有的人都在关注着，谁家的女儿会被选为皇后。

选秀女

咸丰元年（1851年），十七岁的西太后前往北京紫禁城，参加选秀女。

选秀女的细节因年代不同进行了修订，大致按照以下的顺序实施。

首先，户部命令统辖八旗的各个官府，制作适龄女子名册，然后上奏皇帝。之后，由皇帝亲自选定选秀女的日期。对于因生病、残疾、父亲的任职地以及其他理由不能参加选秀女的女子，需要附上详细的申请书上奏皇帝。选秀女并非旗人女子的权利，而是义务，若不接受其家长要受到惩罚。

选秀女当天的氛围，与如今的入学考试会场略有相似。选拔的前一天，由父母陪伴来到北京。虽然住在北京很舒适，但是毕竟远离家乡，很不习惯。

面试的前一天，少女们在所属旗的地方集合，在负责官员的指示下，各自乘坐带车篷的两轮骡马车。没有考试编号，但根据所属旗的颜色、年龄等严格排序。按此顺序井然有序地乘车，这称为"排车"。少女们所乘坐的车上悬挂着表示其所属与身份的一对灯笼。

傍晚时分，少女们所乘坐的车队，向考试会场紫禁城出发，速度与人步行的速度相同。沿途的北京市民大概想，再看见这么长的一排车队还要再经过三年啊，因此他们乐于围在晚饭桌旁讨论谁将成为新的皇后。

车队经过地安门（位于天安门的对面的门），到达神武门（紫禁城的北门）时，已是一片漆黑的夜色。少女们要在车上度过一个通宵。那时还处于上厕所不方便的年代，因此在前一天必须控制饮食和水分。和凡尔赛宫一样，当时的紫禁城里没有卫生间。对正处于发育年纪的女孩而言，很辛苦。在可以并排坐两个大人的狭小的车中，少女们靠在陪伴而来的母亲或者姐姐身上休息。

不久东方泛白。能看见朝霞中高高耸立的城墙的影子时，伴随着很大的开门声，神武门的大门打开了。马上就要正式开始了。

在户部负责官员的率领下，少女们下车，按照名册上的顺序整齐排列。大部分是十四岁到十六岁的少女，但也有因生病和父母的任职地等原因错过选拔时间，年龄在十一岁和二十岁的姑娘。她们的年龄和身高各不相同，服装一律是颜色朴素的旗装（旗人子女的服装）。按照规定，禁止穿颜色艳丽的衣服或者流行的服装。就像规定必须穿着水手服一样。

送少女们来的车辆，如果一直停在神武门前等到面试结束的话，会影响通行，因此必须暂时离开。车队慢慢地在紫禁城周围的道路上前进，从东华门出宫，绕市街一圈，中午再返回神武门。

在耀眼的晨光中，少女们在太监的率领下，整齐排列，从神武门进入顺贞门，到达后宫。集体面试的会场，不同年份有所不同，一般使用设在后宫深处的御花园或者体元殿、静怡轩等。如今这些挤满游客的地方，在当时是普通人禁止进入的地方。

少女们在后宫院子中间五六人一排，让皇帝过目。皇帝将中意的少女的绿头牌（写有少女所属、名字的木牌，上端涂有绿色）取下，称为"留牌子"。除此之外大部分女子的绿头牌就那么挂着，称为"撂牌子"。

因为参加人数众多，不能同时面试八旗所有的女子，所以规定每天只面试两个旗。清朝初期，适龄的旗人女子全部参加面试，但随着旗人人口的增加，就不能那样进行了。西太后的那个时期，规定参加选秀的女子，其父亲必须在一定的官职以上。

接受完皇帝的面试后，少女们在太监们的率领下，从神武门步行离开。然后，乘坐在外面等候的车辆，各自回家。在归途的车中，少女们忘我地向陪伴她们的亲人描述着出生以来第一次见到的皇宫内的情景，以及一闪而过的年轻皇帝的容貌。

"留牌子"的女子们在日后的选拔中只有更加绞尽脑汁，才能选为秀女。如果成为秀女，或者会作为后妃的候补入宫，或者会被皇帝赐婚于宗室之家，不管是哪一条道路都很光明。

作为贵人入宫

选秀女进行的次年，咸丰二年（1852 年）二月，惠征的家族兴奋异常。

首先，六日惠征收到赴任安徽宁池太广道担任道员的委任令。同是道员，但是与之前的任职地山西归绥道相比，新的任职地人口众多，是个富裕的地方。

八日至九日选秀女进行了最终的审查，十一日公布了结果。十八岁的西太后合格并作为"兰贵人"于五月九日入宫的事情也被决定下来了。父亲和女儿在五天内接连获得荣誉，因此到惠征家表示祝贺的客人应该是蜂拥而至吧。

但是，西太后高兴的同时，也许会暗自有些焦躁。同时公布的合格者中有贞嫔和云嫔两人，与兰贵人西太后相比，她们已于数天前的四月二十七日入宫了。嫔比贵人高一个等级。虽然还没有选定皇后，但人们认为两人中必有一人会被选为皇后。

惠征于五月将女儿送到宫中之后，就带着家属意气昂扬地赶赴南方任职地就任。在外人看来，他们一家一帆风顺。但是，祸福相连。此后不到一年，西太后一家就遭受了悲剧。

咸丰帝的嫔妃

自第一代顺治帝开始至第九代的光绪帝，选秀女共举行了八十余回。历代陵墓中埋葬的后妃累计有二百一十四人，除以九，每代后妃的平均人数大约有二十四人。皇后只有一人，但嫔妃在皇帝在位期间依次补充，所以有在位年数更长的皇帝后妃更多的倾向。

刚即位的咸丰帝的后妃人数为十人。

西太后作为"兰贵人"入宫后，咸丰帝选定了皇后。与大家预想的一样，被选定的皇后是贞嫔钮钴禄氏。她出生于道光十七年（1837年）七月十二日，比西太后小两岁即十六岁。

但是，因为她在咸丰帝还是皇子的时候就一直侍奉他，从这个意义上来说，是西太后的前辈。这个皇后数年后相对于西太后被称为"东太后"，因此以下称其为东太后。十六岁成为皇后的东太后，其父亲的官职是广西右江道，在官员等级中与西太后的父亲同级。从现今保留的数年后的东太后的肖像画来看，其年轻时的容貌胜过西太后。西太后内心一定很苦恼吧。

另外，入宫的嫔妃们，按照其各自的性格，可以从皇帝那里得到一个字的封号。东太后得到的一个字是"贞"字。作为贞嫔入宫的东太后，形式上晋升至贞妃、贞贵妃后，直接成为贞皇后。她人如其名，性格端庄贤淑。

西太后从皇帝那得到一个"兰"字，这与其乳名兰儿有一定关联，同时十八岁的她可能是有如兰花一样的美女。

兰贵人西太后失去了成为皇后的机会，但确保了其在后妃中排名第三的位置。

如果给咸丰三年（1853 年）时的前十位后妃排名的话，那么她们是皇后、云嫔、兰贵人、丽贵人、婉贵人、伊贵人、容常在、鑫常在、明常在、玫常在。在前引的《清稗类抄》中的《孝钦后自述》中记载有"入宫后，宫人以我美，咸妒我，但皆为我所制"这样的回忆。皇后因待遇特殊，所以从容不迫，安逸泰然。但是，嫔妃们今后的排序，会因谁生皇子而有大的变化。排列在第三位的西太后能否爬到第二的位置，或者被排名在其之下的人所取代，都与其是否能生出皇子休戚相关。

这个时候，意想不到的噩耗从紫禁城外传来。中国南方发生的叛乱波及西太后父亲惠征的任职地，最终导致惠征令人遗憾的死亡。

太平天国之乱

在中国，历代王朝的末期，常有与宗教有关的秘密结社趁着社会不安而抬头，煽动民众发动叛乱。

道光三十年十二月（1851 年 1 月），以参加科举考试落选的洪秀全为首的基督教系秘密结社组织"拜上帝会"，在广西省桂平县金田村起兵造反。第二年，即咸丰元年九月，宣布成立新的国家"太平天国"。他们主张打倒清朝，废除土地私有制等，并公然废除清朝强制汉人留辫子的规定。此后，历经十四年、震撼中国的太平天国之乱开始了。太平天国是男女合计达数十万人的武装集团，他们袭击各地官衙，夺取金银珠宝与粮食，杀死清朝官吏，驱散官军，由南向北挺进。

惠征到安徽芜湖赴任仅仅半年后的咸丰三年（1853 年）正月十七日，太平天国军队攻占了安庆府。清朝的军队被轻而易举地击败。惠征的上司、安徽巡抚蒋文庆以下的多数官员被杀。太平天国军沿着长江沿岸，依次攻占各地，有向南京进军的架势。惠征将家人疏散到农村，同时自己携带官印和用于支付薪俸的一万两白银逃往南京。但是，南京城为了防备贼军入侵，城门紧闭。不能进城的惠征去了镇江府，又接到上级命令转移到了丹徒镇。

北京的咸丰帝，对于南方要地被轻易攻陷一事而深受打击，对文武官员的不中用极为愤怒。安徽方面传来的消息混乱，错综复杂。惠征逃离任地是阵前逃亡，还是受到上级的命令？在事情尚未明确的情况下，咸丰帝决定将惠征从道员职位上罢免，并命令相关官员彻查。

听闻罢免消息的惠征，因身心疲惫病倒在镇江府。两个月后的六月三日，惠征没有挽回声誉，病死在镇江府，享年四十九岁。从得意扬扬地赴任开始不过一年的光景，惠征就遗憾而逝。

地方将惠征去世的消息上奏皇帝后，咸丰帝只是批注"知道了"三个字，此事便结束了。惠征到底是有罪还是无罪，在糊里糊涂、没有结论之际，他本人的去世使这件事就此告一段落。

已经进入紫禁城的西太后，是何时得知父亲去世的消息的呢？西太后是否向咸丰帝询问过父亲的状况呢？没有记述这方面的史料。只有一点是可以确认的，就是西太后对于父亲的遗憾而死终生保持沉默。她周围的人也很避讳，谁也不提。因此，在很长一段时期，惠征的经历都是一个谜。研究者对清朝堆积如山的公文进行考证，查明相关史料，才得出了惠征去世的真相，而这已是他去世上百年以后的事情了。

沉默并不意味着不关心。因太平天国之乱而失去父亲的这件事，对理解此后的西太后是很重要的。

后宫中的晋升

惠征的罢免和去世，对西太后与咸丰帝之间的感情，一定带来了影响。记述此事的有关史料也无从查找。但是，惠征去世半年后的咸丰四年（1854年）十二月三日的后妃名册，变成了皇后、云嫔、懿嫔、丽贵人、婉贵人、英贵人、容常在、鑫常在、明常在、玫常在。西太后依然位列第三，但与上一年相比，只有她一人从贵人晋升至上一级的嫔，并且封号也从"兰"变成了"懿"。中途更换妃嫔的一字封号的事情并无前例，应该是有什么理由（上一年伊贵人也改为了英贵人，但这不是更改封号，被认为是因发音相似而出现的记载混乱）。如果大胆想象的话，可能是咸丰帝出于对西太后的一种补偿，才将其晋升并改其封号的。或者也许是西太后因为心情大变而自请改变封号的。真相不明，不过不管怎样，单从后妃的排列顺序来看，没有迹象表明惠征的去世恶化了咸丰帝与西太后的关系。

西太后被皇帝新赐予的封号"懿"是具有象征意义的。"懿"字是"好"、"美丽"的意思，表示温柔善解人意，显示妇女的德行。特别意味深长的是，古代的中国皇后或者皇太后发布的诏令就称为"懿旨"。数年后咸丰帝去世，此后西太后频繁发布懿旨掌握朝政。从兰贵人改名为懿嫔，她彻底告别了作为叶赫那拉氏女子的名字"兰儿"，跨出了数年后通往西太后道路上的第一步。

咸丰五年（1855年）五月，丽嫔生下了咸丰帝的第一个孩子。即位后，经过了五年才有子嗣的咸丰帝对此期望很大，但生下的是个女儿。大概西太后也暗自放心了吧。丽嫔晋升为丽贵妃，但因为生的是女儿，所以晋升不是在生产当日，而是在七个月后的十二月。

此时已经二十一岁的懿嫔西太后，终于怀上了咸丰帝的第二个孩子。旧社会有句谚语说"母以子贵"。如果成为皇长子的母亲，那么她的地位将明显上升。

诞下皇子

普通百姓严禁进入后宫。后妃的亲人也不例外。只有在后妃妊娠七八个月的时候，才允许叫自己的母亲进入后宫，并留在宫中一段时间。

咸丰五年（1855年）十二月二十六日，西太后的母亲佟佳氏，在两个心腹仆妇的陪伴下进入紫禁城。虽说是后宫位列第三的妃子的母亲，但是作为普通百姓，她不能从神武门进宫。她从平民通用的苍震门进入，终于来到了女儿的储秀宫。时隔三年半才再次相见的母女，大概说了很多话。

过了年就是咸丰六年（1856 年）正月，西太后开始认真地准备生产。首先由钦天监（掌管天文台的机关）博士占卜，决定"喜坑"挖掘的地点。所谓"喜坑"就是掩埋胎盘和脐带的洞穴。由太监在储秀宫附近指定地点挖坑，西太后赏纹银三两（当时她每年能领到的津贴约五百两）。然后，任命负责各种工作的婢女、两名接生婆、六名医师，二十四小时交替随时待命。各种吉祥物等也都逐步备齐。

三月二十三日，懿嫔，也就是西太后，平安生下一个男孩。因为有功，所以当天就晋升为贵妃，名副其实地排在皇后之下位列第二。

此时出生的皇子（姓爱新觉罗，名为载淳。之后的同治帝），最后竟是咸丰帝唯一的儿子，还是紫禁城内出生的最后一位皇帝。

身为皇长子母亲的西太后，并未安心几日。因为出生的同时，就要为了让自己的儿子成为下一个皇帝而开始新的战斗。在幼儿死亡率很高的当时，她所生的皇子长到成人的概率在百分之五十以下。即使假设可以顺利长大成人，长子一定成为皇太子的概率也未必很高。

皇帝子女的死亡率

在医学并不发达的过去，幼儿的死亡率很高，出生的孩子有一半在成人之前死亡。皇帝的子女也不例外。

　　从第一代的顺治帝到第九代的光绪帝，出生的皇子、皇女累计有一百四十六人。其中十五岁前夭折的皇子、皇女累计为七十四人。活到十五岁的比率为百分之五十。如果仅从长子、长女来看的话，如后所述，其死亡率更高。

　　作为参考，清朝历代皇帝的皇子、皇女的人数如表所示。"夭折人数"指的是在十五岁以前夭折的。

　　最后一位皇帝宣统帝（溥仪）因年幼时退位，所以未记入表中。但是，其去世时满六十一岁，无子嗣。

清代皇帝的皇子、皇女人数表

皇帝	享年	出生人数		夭折人数		子女的生母数
		男	女	男	女	
顺治帝	24	8	6	4	5	12
康熙帝	69	35	20	15	12	32
雍正帝	58	10	4	6	3	7
乾隆帝	89	17	10	7	5	10
嘉庆帝	61	5	9	1	7	7
道光帝	69	9	10	3	5	9
咸丰帝	31	2	1	1	0	3
同治帝	19	0	0	0	0	0
光绪帝	38	0	0	0	0	0
平均	50.9	9.6	6.7	4.1	4.1	8.9

　　资料来源：据《明清宫廷趣闻》制成（略有改动），平均值小数点后第二位四舍五入。

日本幕府时代末期，短命将军十三代家定、十四代家茂的连续出现，也是造成政情不稳的原因之一。清朝的皇帝也从咸丰帝开始，突然出现了短命化、少子化，这加速了国家的衰退。无论西太后是位多么杰出的女人，但如果是康熙帝或者乾隆帝的妃子的话，大概她都不会登上历史的舞台吧。另外，咸丰帝三个孩子的命运如下所示。

长女……咸丰五年（1855年）五月出生。同治十二年（1873年）十九岁时去世。生母为丽嫔（他他拉氏）。

长子……咸丰六年（1856年）三月出生。后成为同治帝，但于同治十三年（1874年）十九岁去世。生母为懿嫔（西太后）。

次子……咸丰八年（1858年）二月出生，出生后不久便夭折。生母为玫贵人（徐佳氏）。

另外说句题外话，一九八五年在日本公开上映的中国电影《西太后》（主演刘晓庆，原名为《火烧圆明园》、《垂帘听政》）的结尾，被西太后斩断手足成为"活的不倒翁"的丽嫔登场。这当然是虚构的，生下咸丰帝第一个孩子的丽嫔（后晋升为丽贵妃），事实上在后宫安静地度过了余生，在五十四岁时寿终正寝。

死亡率特别高的长子、长女

清朝的后宫规模，与历代王朝相比较小。清朝的诸位皇帝中，子嗣最多的康熙帝有五十五位子女，其中活到十五岁以上的有二十八人。顺便说一下，江户幕府时代的十一代将军德川家齐的子女有五十五人，其中活到十五岁以上的有二十一人。清朝后宫的规模，仅从出生子女的人数来看，和江户城的"大奥"①相差不大。清朝后宫的规模缩至明朝的十分之一以下，从皇帝子女的人数上也可以反映出来。

历代皇帝的子女中，约半数夭折，长子、长女的死亡率会更高。例如康熙帝最初的六个孩子，全都是在四岁前死亡的。其他诸位皇帝也是一样，越早出生的孩子夭折的倾向越高。其原因之一，被认为可能是受到周围期待感的重压，以及处在后宫嫉妒的漩涡中等。

比如说，咸丰帝的父亲道光帝，二十七岁生下长子开始，一直到六十四岁还在努力繁衍后代，生下九男十女。但是，长子在二十四岁时就去世了，次子和三子则在出生后不久便去世了。道光帝晚年时，活着的孩子中最年长的是四子，他就是后来的咸丰帝。

西太后生下了咸丰帝的皇长子，这的确值得庆贺，但其能活到十五岁的概率在百分之五十以下，并且继承皇位的竞争者今后可能会陆续出生。大概在高兴之余，并没有心情上的从容。

---

① 指江户城内的将军夫人及妾的住处。

清朝的皇帝不采用长子继承制度。有实力的皇子会被选为皇太子。如果弟弟比哥哥优秀，那么弟弟就会成为皇太子。

密建皇储制度的优劣

社会学家马克思·韦伯指出，近代国家成立的必要条件之一就是"长子继承制的确立"，英国就是最早从这寻找到了成功建立近代国家的秘密。

在英国的王室中，王子、公主继承王位的顺序是按照其年龄的顺序自动获得的。血缘纽带的卡里斯马确实能被继承，因此对后继者正统的异议不会产生。没有必要担心因无用的后继者竞争而浪费国力，也不需要君主为证明自己的资质而固执地亲政。英国的君主可以安心地将政治委任给有才能的部下。所谓"在位而不统治"的这种英国式的立宪政治，与长子继承制有密不可分的关系。

对于清朝这样的征服王朝，这是行不通的。在清朝，并不是根据出生顺序，而是根据实力被指定皇太子。从汉族等其他民族来看，满人也毕竟是夷狄。夷狄的君主单单通过血缘纽带的卡里斯马来统治多民族国家，是不合理的。

在江户时代的日本，将军之职原则上是长子继承制，但是商人等则采用实用主义，盛行招婿。清朝与此相反，民间的汉人社会按照儒教原理采用长子继承制,但是满人皇帝却是以实力主义来指定皇太子。

这一实力主义的最终形式即是,雍正帝确立的继承人指定体系"密建皇储"(所谓的"秘密立储")。皇帝生前不立太子,而是观察诸位皇子的日常行为,在心中确定最优秀的皇子为继承人,将他的名字写在任何人都看不到的纸上,放入木箱,藏在乾清宫"正大光明"牌匾的后面。这就是所谓的秘密遗嘱。即使是皇后、皇子或是任何重臣也都不知道箱子中的名字。

如果皇帝病危,突然驾崩,则在御前大臣的见证下,从"正大光明"牌匾后面取出箱子,宣布皇太子的名字。虽说是皇太子,但在这个时候实际就是新皇帝。

据一说法称,密建皇储制度大概是清朝原样采用《旧唐书·波斯传》中所记载的波斯帝国的太子指定制度。

此体系的优点有两个。一个是,皇子们为了得到作为父亲的皇帝的认可,常常会认真钻研。皇帝一边观察皇子们各自的成长过程,一边随时更换写在信封内的后继者的名字。从理论上说,在那个时间点上最优秀的皇子能被选为继承人。

另一个是,免除了历代王朝都苦恼的"帝党和太子党的对立"。回顾历史,经常会出现对现政权怀有不满的人,其聚集到下一代皇帝(皇太子)身边,结成派系(太子党),与现政权（帝党）形成严重对立。这样的例子屡见不鲜。汉武帝和戾太子的关系就是如此。如果将继承人是谁作为秘密，那么就可以预防这样无用的对立。

密建皇储，理论上是完美的。但是，英国王室的长子继承法完全是相反的制度。事实上，密建皇储制度也有潜在的缺点。要让这个制度有效地发挥机能，前提是像皇子时代的雍正帝和乾隆帝那样，要同时存在几位有卓越才能的皇子。如果皇子们资质不相上下，不存在使大众信服的实力上的差别，该如何是好呢？在这样的情况下，如果硬要进行皇位继承的竞争，获胜的皇子也好，失败的皇子也好，每个人都会受到伤害，这也有成为国政祸根的危险性。

实际上，晚年的道光帝对于自己的继承人是选择四子还是选择六子这一问题大为烦恼。结果，四子成为咸丰帝，六子则成为恭亲王。但是，此后很长时间里两人在感情上都有隔阂，这加速了国政的混乱。咸丰帝死后，西太后利用恭亲王与咸丰帝的隔阂，掌握了政治实权。

假设清朝的皇室也采用日本或者英国王室那样的长子继承制，西太后登上历史舞台的可能性大概会变得很低。密建皇储在清朝国力强盛时期对国家有利，但是在国力衰退时期却立刻显现出它的不足之处。

我们稍稍向前追溯一下，回到咸丰帝还是皇子的时候，来看一看密建皇储的实际情况吧。

咸丰帝与弟弟们

道光帝生下了九个皇子。道光二十六年（1846年），已经六十五岁的道光帝，应该决定继承人了。长子、次子、三子早已去世。此时，剩下的六个儿子中，七子以下都是不满七岁的幼儿。结果，皇太子的候补人选只剩下了十六岁的四子奕詝（后来的咸丰帝）、同为十六岁的五子奕誴（后来的惇亲王）、十五岁的六子奕䜣（后来的恭亲王）三人。

三人中，五子奕誴轻率粗暴，因此道光帝在这一年正月将其作为惇亲王的嗣子，早早地清除出去。此时候补人选只剩下四子和六子两人。

不好的是，四子和六子的年龄和实力不分伯仲。而且，道光帝对于两人生母的喜欢也不相上下。

四子奕詝的生母是孝全皇后。她是钮钴禄氏，其父亲是二等侍卫（正四品，武职京官）。钮钴禄氏很受道光帝的宠爱，在其还是贵妃的时候就生下了奕詝。之后，因皇后去世，她才晋升为皇后。然而，道光二十年（1840年），全皇后三十三岁时，年纪轻轻就病死了。死后被冠以"孝"字，称为孝全皇后。奕詝也就是咸丰皇帝，在十岁时就失去了生母。

六子奕䜣的生母是静贵妃，她是蒙古族的博尔济吉特氏，但是真正所属为满洲正黄旗。她比道光帝年轻三十多岁，是个非常优秀的女性，并将孝全皇后的遗孤奕詝抚养成人。在知道将来他会和自己所生的奕䜣在皇位继承上成为竞争对手的情况下，也将其和自己的孩子一视同仁地进行养育。

静贵妃受到道光帝的宠爱，又生了三子一女。道光帝心里想让静贵妃成为皇后，但是按照祖制那样是不可能的。按清朝的祖制规定，皇后只能有一人，即使死去或者废立，位置空缺，一代皇帝所立的皇后累计最多为三人。如果没有这一惯例，静贵妃大概确实能够成为皇后。而到此时，道光帝已经册封了孝穆皇后（皇子时代就死去，即位后追封为皇后）、孝慎皇后（道光十三年［1833年］死去）、孝全皇后（咸丰帝的生母）三位皇后。当然，并不是因为道光帝是"蓝胡子"①，而是由于以前医学上的理由，女性的平均寿命更短。怀孕、生孩子是冒死而为的事情，但是当时的医生限于男性，所以在给贵妇人诊察上有很多的限制。

奕詝和奕䜣从小一起玩耍，一起并肩学习。如果他们生在普通人家的话，作为关系很好的兄弟，长大成人后一定会合力重振家业吧。但不幸的是，他们出生在皇家。所谓"天无二日，国无二主"，只能有一人成为皇帝。

---

① 法国民间传说中曾连续杀害自己六任妻子的人，留着蓝色的胡须。17世纪法国作家夏尔·佩罗（Charles Perrault）的童话故事集《鹅妈妈的故事》中即有收入《蓝胡子》一篇。

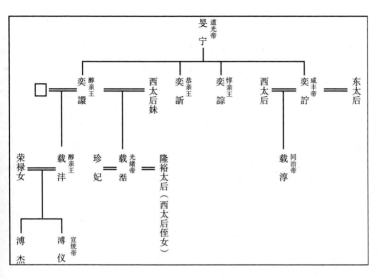

清朝的关系图

最初弟弟一方有利

十六岁的奕詝和十五岁的奕䜣，年龄相仿实力相当，不分伯仲。但是，在民间的传闻中，很多认为弟弟奕䜣稍稍处于更有利的位置。奕詝也不愚钝，但总的来说属于稳重型。相比之下弟弟是才华横溢的类型，比哥哥头脑灵活。如果是在和平时代，稳重型的人气量大，更适合做帝王。但是，如今是时局混乱的时代。

清朝的皇储册立是国家的机密，是万人关心的大事。道光帝却不动声色。臣民之间已是谣言四起，各种传闻乱飞。

当时流行的传言中有一个这样的故事。

一天，道光帝支走了所有人，一个人独自坐在桌子前，书写"密建皇储"的文件。可是，有一个太监偷偷看了一眼。因为是从旁偷看的，所以并没有能直接看到纸上写的名字是奕詝还是奕䜣。但是，能很清楚地看到皇帝最后一笔拉长，并没有以钩结束。

上边这一传言广泛流传后，如下的第二个传言也立刻传开了。

道光帝知道了第一个传言后，非常生气，说着"如果是那样的话"，重新打开密封的书信，更换了皇子的名字。因此，下一任皇帝名字的最后一笔一定是以钩结束。

皇宫内外一直在谈论这样的传言。过去的中国人喜欢赌博，针对下一个状元来自哪个地方，谁被指定为下一任皇帝等，都偷偷地赌上金钱。自然而然地，大众对流言的谈论也充满了热情。传言虽不足信，但是大多数传言对六子奕䜣更为有利。即使稳重的奕詝肯定也很焦虑。

因老师的策略而扭转败局

就在奕詝半途快要放弃胜负的时候，其授业恩师杜受田提了个建议。奕䜣听取了此建议，一下子扭转败局。

某个春日，道光帝带着两位皇子到南苑（北京南郊附近的狩猎场）去围猎。围猎也有军事演习的意思。对于重视尚武传统的清朝而言，到底哪一位更适合做下一任皇帝？道光帝打算利用这场围猎来看清楚。

奕䜣擅长骑射。他转眼间就射中一猎物，并即兴作诗。道光帝面露微笑。

奕詝好不容易有机会在父亲面前展示自己的才能，却不打算拿弓箭。道光帝问其原因，天真烂漫的十六岁皇子是这样回答的：

> 马上要到春暖花开的季节了，鸟兽们正孕育新的生命。我不能忍受杀死刚刚出生的生命，伤害大自然。因此，不想以弓马的一日之长与弟弟竞争。①

道光帝不禁感叹，"此帝者言"，遂改奕詝为储君。道光帝并没有察觉奕詝只是叙述了老师所教说的标准答案。

以上的逸闻被收录在《清史稿》中，暂且认定为史实。另外，还有其他逸闻在民间流传。

道光帝为了试探皇子们的政治才能，首先对六皇子说：

---

① 原文为"时方春，鸟兽孳育，不忍伤生以干天知"。

"朕老了，恐怕在皇帝的座位上坐不了多长时间了，如果你成为皇帝，你能够摆脱这个时代的困难吗?"奕䜣听后，滔滔不绝地讲起了国家经营的构想。这是他按照自己的老师卓秉恬的建议叙述的。

接着，道光帝又叫来了奕詝，皇帝还是说同样的话："朕老了，恐怕在皇帝的座位上坐不了多长时间了，如果……"一听这样的话，奕詝低下头，一言不发地默默流泪。道光帝赞扬"奕詝是个孝顺的儿子"，遂指名其为继承人。其实这也是奕詝的老师杜受田所教的策略。

不管是围猎的逸闻，还是默默流泪的逸闻，主要意思是一样的。奕詝和奕䜣的实力没有大的差别，如果非要勉强说的话，那么才华横溢型的弟弟稍胜一筹。但是，奕詝因恩师的出谋划策而最后成为皇帝。这些逸闻真伪不明，但是即位后的咸丰帝对其恩师杜受田非常优待，这也是事实。

道光帝的关怀

道光二十六年（1846年）六月十六日，道光帝亲自执笔立诏，为了不让他人看见，他写完指定皇太子名字的诏书，马上将其放入木箱中。然后，将这个木箱放到了乾清宫"正大光明"牌匾的后面。

三年半后的道光三十年（1850年）正月十三日，道光帝病倒。次日，病情加剧。以御前大臣怡亲王载垣、郑亲王端华、郡王僧格林沁（蒙古族，郡王比亲王低一级别）为首，军机大臣及总管内务府大臣均纷纷赶来。按照祖制，在众人的见证下，取出了"正大光明"牌匾后面的木箱。在长33厘米，宽17厘米，厚8.5厘米的小木箱中，承载着拥有四亿人口的帝国的命运。

大臣代表打开封条，发现里面有两封朱谕（皇帝亲笔用朱墨书写的诏书）。一个箱子中有两封，史无前例。

第一封只是三行字。大臣代表用颤抖的声音大声宣读第一行字。"皇六子奕䜣……"。诸臣在想"果然是奕䜣吗？"刚想到此，后面接着读的是"封为亲王"。道光帝故意地在第一行，不写皇太子的名字，而是写上封奕䜣为亲王。这也许不仅是帝王的一种幽默，也是希望没有成为皇帝的六子要多加保重。这也许是父亲的关怀吧（清朝之前的朝代，皇太子之外的皇子自动成为亲王，按清朝的体制则是只有一部分人能被封为亲王）。

第二行字，"皇四子奕詝立为皇太子"。

第三行字，则是其满语翻译。

道光帝的时代，满人的日常用语已是汉语和汉字。道光帝在第二行书写的是立太子，但为了强调还是这件才是最重要的大事，只有这句话是用先祖的语言一并记载。

遗旨的第二封，是给诸位大臣的。与第一封相比较，字体潦草，内容讽刺。

> 皇四子奕詝著立为
> 皇太子尔王大臣等何待
> 朕言其同心赞辅揆以国
> 计民生为重无恤其他
>
> （四子奕詝成为皇太子。你们为什么要等着朕指定继承人的话呢？同心协力辅佐，任何时候都要以国政和民生为第一！除此之外的事情不必注意！）

第一行写到中途换行，是为了以"皇太子"为开头书写。其表达了这样的意思：作为皇帝的自己甚至以此来表达对皇太子的敬意，因此你们也要尽可能地尊敬皇太子①。

另外，第三行最初没有"心"这个字，是后来用小点儿的字从旁边插入写的。其实道光帝可以在新的纸张上重新书写，却没有那样做。也许是嫌麻烦吧。受官员的贪污行为而苦恼的道光帝，对"以国计民生为重"、"无恤其他（除此［公益以外的私利］之外不必注意）"等，仍不忘尖刻地挖苦。

当天，道光帝驾崩。

道光帝的这两封朱谕，作为密建皇储制度的朱谕是现存唯

---

① 此处作者理解似有误，请读者注意。

一的物证，因此很有名。如果看其字体或者用语，可窥见道光帝晚年的内心。另外，如果看此原件，能重新确认说"太监看到最后一笔拉长"这一传言是假的（话虽如此，但也可能是因为传言而进行了改写）。

皇贵太妃封后事件

奕詝和奕䜣兄弟之间的故事，还在继续。之所以这么说，是因为兄弟之间的芥蒂成为后来产生西太后这一女杰的原因之一。

咸丰帝即位后，遵照父亲的遗旨，封弟弟奕䜣为亲王。立新的亲王时，与嫔妃的封号一样，皇帝也习惯要赐一个字为封号。咸丰帝为弟弟选的封号是"恭"，大概含有"今后要恭恭敬敬地辅佐朕"之意。

恭亲王奕䜣，被作为兄长的皇帝任命为军机大臣。军机大臣相当于日本内阁总理大臣，但采用复数制，这样理解就可以了。此后，恭亲王作为皇帝的弟弟，与其说在大臣中有巨大的势力，不如说作为大臣的代表要向长一岁的哥哥——皇帝磕头。

咸丰帝在位期间正处于太平天国之乱、第二次鸦片战争（"亚罗"号战争、1857年~1860年）内忧外患不断的时代。恭亲王站在大臣的立场上，向哥哥咸丰帝直言。例如，第二次鸦片战争时，咸丰帝支持主战派，恭亲王支持主和派。而在日本，在第二次世界大战时，昭和天皇和弟弟高松宫之间也有相当激烈的争论。咸丰帝和恭亲王关系的紧张，比皇位继承竞争时的情感隔阂更为严重。

咸丰五年（1855年）的"皇贵太妃册封太后"事件让这两兄弟的关系恶化到了无法修复的程度。

如前所述，咸丰帝十岁时生母去世，奕訢的生母（静贵妃）将其收养，如同亲生儿子一样抚养。其恩情咸丰帝一直没有忘记。即使因为皇位继承竞争的存在两人关系变得尴尬，但是咸丰帝还是偶尔去后宫向养母请安。

静贵妃在道光帝去世后被封为"康慈皇贵太妃"（皇贵太妃就是先帝的皇贵妃之意）。她虽然没有成为皇后，但是获得名誉皇后称号的办法还是有的。如果能从现任皇帝那里得到皇太后（先帝的皇后的意思）的尊号就行了。

事实上，刚刚即位的新帝将"皇太后"的尊号赠予先帝在世时没有成为皇后的自己的生母，以表达自己的孝心，这样的例子很多。顺治、康熙、雍正、乾隆、嘉庆五个皇帝的生母都不是皇后，但是她们都从成为皇帝的儿子那里得到了皇太后的尊号。西太后也是如此。如果自己的亲生儿子奕訢成为皇帝，静贵妃也应成为皇太后。

咸丰帝虽然心中对养母非常感激，但是并没有赠予其皇太后的尊号。有不是先帝皇后亲生儿子的嗣皇帝，将自己的生母封为皇太后的先例。但是，没有作为先帝皇后亲生儿子的皇帝，将养母封为皇太后的先例。

咸丰帝是皇后的儿子，恭亲王是皇贵妃的儿子。对于曾经与实力在伯仲之间的弟弟竞争过皇位继承权的哥哥——咸丰帝来说，生母身份的差别是向大臣显示弟弟与自己在正统性上存在差别的合适材料。如果咸丰帝违背祖制，将恭亲王的生母封为皇太后，那会怎么样呢？咸丰帝的声誉有可能上升，但是同时恭亲王和自己的差别将会缩小。因有这样的考虑，咸丰帝才未赠予养母皇太后的尊号。

咸丰五年（1855年）康慈皇贵太妃病危。咸丰帝急忙赶去探望时，恭亲王正好从房间里出来。咸丰帝一询问病情，恭亲王就跪在地上流泪恳求道：

"已经病危了。恳请陛下，无论如何请赐予皇太后的尊号吧。如果那样的话，母亲应该会瞑目了。"

咸丰帝心中动摇了。对于自己来说，这将是第二个母亲的去世。因为自己成了皇帝而她不能成为皇太后，对此他感到内疚。感慨万分而不禁要流出泪来的咸丰帝，无意中小声地说了"嗯、嗯"。

恭亲王伏地叩谢皇恩，急忙飞奔回军机处（军政、行政的最高机关），通告说皇帝已经许诺赐予康慈皇太后的尊号。诸位大臣对于这未曾有过的先例感到很吃惊。咸丰帝虽内心后悔，但"君无戏言"。

七月一日，咸丰帝赠予养母康慈皇太后的尊号。她感谢皇恩，于八日后的七月九日停止了呼吸。

以皇贵太妃册封太后事件为开端，咸丰帝对于恭亲王的感情彻底恶化了。康慈皇太后去世仅仅十二天后的七月二十一日，咸丰帝故意刁难，以"恭亲王的丧服过于疏略"为由，罢免了其军机大臣之职，命令其到上书房重新学习。上书房是位于宫中的学校，皇子到了六岁就要在此读书学习。这是极端的降职。

咸丰帝将康慈皇太后的葬礼仪式降了一个等级，按照皇贵太妃的规格执行。事实上，是取消对她的特殊待遇。不仅如此，咸丰帝在康慈皇太后的祭祀方式上也增加了不同以往的程序。道光帝的后妃去世时，一般在谥号上被赐予"成"字，唯独她没有在谥号上被赐予"成"字。因此，她的牌位不能进入太庙摆列，其墓地也被设立了隔离的墙壁，故意与其他的后妃区别开来。这是特别狭隘的处理办法。自己是皇后的儿子，而弟弟并非如此，自己与弟弟在正统性上还是有差别的，咸丰帝通过葬礼的仪式重新对这些进行了强调。

咸丰七年（1857年），皇帝解除了惩罚，任命恭亲王奕訢为都统（从一品），回归政坛。但是，当时咸丰帝周围的肃顺集团已经独占实权。咸丰帝在世时，恭亲王再次掌握实权的机会终究没有到来。

如果恭亲王没有因册封太后这一件事招致皇兄的不快的

话，同哥哥之间的感情虽还有隔阂，但也许可以避免下台。但是塞翁失马，焉知非福。恭亲王下台换来生母被封为皇太后，虽然当事人并不知情，但是引起了同感者的共鸣。

其同感者的境遇，与恭亲王母亲年轻时相似。虽受到皇帝的宠爱，但是没有皇后的位置而成不了皇后。同时，与恭亲王一样，不甘心排位第二的位置。这位同感者，就是懿贵妃西太后。

最初装作明君的咸丰帝

无论多么平庸的政治家，上台之初都会被期待，其本人也很有干劲。在位的后半期，咸丰帝厌倦了政治，但即位当初却曾信心满满。

其父亲道光帝，去世前将儿子托付给宗室怡亲王载垣、郑亲王端华、郡王僧格林沁，还有满洲贵族军机大臣穆彰阿、同为军机大臣的耆英等各位重臣辅佐。

即位之初，咸丰帝模仿历代诸位皇帝的先例，发布征求直谏的圣旨。礼部侍郎（相当于日本文部科学省次官，正二品）曾国藩盲目相信皇帝的旨意，向皇帝上奏奏折，以极其严厉的语言诉说了民生的实情。皇帝读完此奏折，称赞曾国藩的见识和勇气。

话虽如此，根据姚永朴《旧闻随笔》中记载的内情，事实上咸丰帝勃然大怒，将曾国藩的奏折扔到地上，要下命令惩罚他。曾经在科举考试中将曾国藩判为合格使其晋升进士的大臣拼命劝解说，"这个人是我的学生，过去有些愚钝。无论如何，请您饶恕"。因此，咸丰帝说自己是喜欢直谏的明君，好像只是做做样子而已。此后数年，咸丰帝并未采纳曾国藩的意见实行仁政。另外，即使曾国藩镇压太平天国有功，也没有被重用。从这些事实来看，这个内情出乎意料，但或许是真实的。

咸丰帝罢免了在鸦片战争时对英国采取消极外交政策的穆彰阿和耆英。刚刚即位便罢免前代皇帝的重臣，给天下以新时代将要到来的印象，这是中国政治的惯例。当然，道光帝也有考虑，为儿子留下了两位像"盲肠"一样的老臣。

咸丰帝即位后不到一年，道光三十年十二月（1851 年 1 月）太平天国运动爆发。咸丰帝任命鸦片战争时的英雄林则徐为钦差大臣，但是已经年老的林则徐在赴任途中就去世了。十年前鸦片战争时有才干的人们，就这样都从历史的舞台上消失了。

舍弃穆彰阿和耆英的咸丰帝，重用了还有用处的载垣、端华、僧格林沁三人。但是，他们仅仅是先帝的老臣，毫无能力。大举提拔起用新人，作为忠臣使用，也是掌权者的常用手段。

咸丰帝的视线集中到了一个叫肃顺的肥胖男人身上。这个

肃顺后来成为西太后最大的敌人，将西太后逼到了最危险的
境地。

肃顺此人

爱新觉罗·肃顺是郑亲王端华的弟弟，与西太后的娘家同
属满洲镶蓝旗。郑亲王一脉始于太祖努尔哈赤的外甥，是宗室
的名门。肃顺年轻时，讨厌读书，像歌舞伎演员一样装束特
别，是一个手牵猛犬阔步于北京街头的不良少年。但是，一步
入仕途，他就像换了一个人，成为一个能干的官吏。记忆力超
群，一旦见过一次面就不会忘记对方的相貌，自己处理过的文
书，即使经过数年也不会忘记。依靠兄长端华的推荐，他很快
取得咸丰帝的信任，以史无前例的速度节节高升，官至户部尚
书、协办大学士（相当于从一品的高官），后来在咸丰帝去世
之际被任命为顾命大臣。

肃顺是个性格豪爽的政治家，属于坚持己见的类型。他对
汉人官员（汉军八旗以外的，一般的汉族官员）的能力给予
高度的评价。他认为，能够让正在倾覆的清朝国力起死回生的
妙药，就是要活用那些受到冷遇的普通汉人人才。太平天国之
乱爆发后，清朝改变之前的先例，重用曾国藩、胡林翼、左宗
棠等汉人官员。这就是肃顺力排旗人官员（满、蒙、汉的旗
人官员）的反对，重用他们的结果。

肃顺曾对旗人官员斩钉截铁地说，"我们旗人有很多笨蛋，什么都不懂。不能失礼于汉人。他们的笔头相当厉害"。他以恭敬、谦虚的态度对待汉人。从旗人官员处收取很多贿赂的他，却不从汉人官员处收取。汉人有为的人才都网罗到了肃顺的门下，而满人和蒙古人却对其恨之入骨。

甚至有了这样的传言，说"肃顺的父亲在街上见到回回（伊斯兰系的居民）的美丽少女后，以阴险的计谋将其据为己有，从而生下了肃顺。他不是满人，是回回的孩子"。

此外，肃顺以权力压制官吏。任何一个时代，约束官吏的诀窍都在人事和财务两个方面。肃顺为了强化自己的政治权力，同样分别在人事和财务方面导演疑案。

咸丰朝的两大疑案

作为录用官员的考试——科举，历史上数次被揭发存在违法行为，每次都处分相关人员。科举考试的违法事件一般称之为"科场案"。

咸丰八年（1858年），发生了震惊朝野的"咸丰戊午顺天科场案"。事情的起因是，当年一位名叫平龄的满人参加科举乡试合格的事件。科举由分为乡试、会试、殿试三个阶段的正式考试以及它们各自所包括的预备考试构成。即使只是第一阶段的乡试，合格的话，也是很了不得的（乡试合格者成为被授予"举人"称号的名士)。平龄是这样的一个男子：平日不读书学习，迷恋戏曲，喜欢自己站在舞台上模仿演员演戏。这样的人能够通过那么难的考试，怎么说都很可笑。

官府调查他的考试答案，果不其然，评分者的评分过于偏袒。另外，通过调查陆续发现，除此之外还有存在嫌疑的答案。

当时的考试负责人是内阁大学士（正一品）柏葰（蒙古正蓝旗人）。柏葰是一位常常发表正直言论的品格高尚的人，但对于肃顺来说他是难以亲近的人。肃顺等人鼓动咸丰帝，确定将其判处斩刑。

处决在咸丰九年（1859 年）二月进行。同样的事件，按照惯例，一品、二品的大员被判处死刑时，行刑前宣敕使会被派遣，宣布免去死罪，减刑改为流放或充军。柏葰也预想着被减刑。但是，处决当日，在北京的菜市口刑场出现的礼部尚书泪流满面。柏葰知道了自己的命运，"这就是我的结局了。这绝非皇帝的真心吧。一定是肃六这小子的阴谋。我的命运无所谓，肃顺这混蛋总有一天会与我一样吧"，他留下了这样的遗言（肃六就是肃顺，他排行第六）。

这件事情之后，肃顺被任命为户部尚书。正苦于财政恶化的清政府，采取无限制发行货币的方式来设法摆脱危机。

与造币有关的违法事件一般称为"钞票案"。就当时的常识而言，这类工作岗位只要稍作调查，多少都有不法行为。肃顺彻底揭露了相关官吏的违法行为。如果这是出于公正无私的使命感而揭露的话，一定能够得到大家的理解。但是，肃顺、端华、载垣三人都利用它来扩大自己的势力。因冤枉而获罪的高官和商人达到百人以上，另外也有很多人通过贿赂而逃脱罪行，肃顺一派获得了巨大的财富。

揭露考试和财务的违法行为是正义的，一般官吏不会公开反驳。但是，官吏似乎从心底对此有着根深蒂固的反感。中国政治的常规，首先通过揭露违法行为的鞭策使官僚群屈服，之后给他们一些甜头，使之心服。对于肃顺一派而言，不幸的是，鞭策官僚的阶段正值第二次鸦片战争愈演愈烈之际，结果还没有到予其好处的第二阶段。这也是后期肃顺一派败于西太后的原因之一。

厌倦了政治的咸丰帝

咸丰帝在中国被批评为一无是处的昏君。在这个内忧外患、多灾多难的时代，咸丰帝沉迷于女色，疏于国政，眼看着领土被外国侵占。批评之声从咸丰帝活着的时候就有了。

某年的选秀女有一件事，这件事《清朝野史大观》中说是咸丰三年（1853 年）发生的，而《湘绮楼文集》中说是咸丰九年（1859 年）发生的。被集中到一起的少女们站在坤宁宫前，等着皇帝的驾临，但是皇帝没来。少女们离开父母无依无靠，再加上从前一天夜里开始就没怎么好好地吃东西，都哭出了声。负责太监严厉地斥责她们，要她们保持肃静。于是，一位少女毫无礼貌地走到前面，用严厉的声音说："我们如果被选为秀女，再也不会和家人见面了。人如果有感情的话，想哭难道不是理所当然的吗？而且，现如今正是天下大乱之时，陛下不谋求人才，却谋求女人，是何等可耻之事？"

这是前所未闻的不敬之言。负责太监急忙绑了她，让其住口。正好此时，咸丰帝乘辇而来。咸丰帝一询问情况，少女抱着会被判死刑的觉悟，又重复了一遍刚才说的话。咸丰帝感叹其"真是个奇女子"。碰巧的是宗室中有人刚刚失去妻子，所以这个少女被指婚嫁到那里，而后其他的少女们也都回到了家人的身边。

如果上述逸闻是真实的，咸丰帝也是个相当厉害的人物。但是，在野史和稗史中，咸丰帝好色的逸闻，远比说他是明君的要多。一说，咸丰帝偷偷宠爱着山西省一曹姓寡妇，其脚乃是不足三寸之金莲（"三寸金莲"指代所穿鞋的尺寸不足九厘米，缠足导致的小脚）。另一说，咸丰帝因为在紫禁城中祖制严格，所以喜欢行宫圆明园，在那里以宫女名义蓄了四位汉人美女侍奉，称为"四春"。还有一说，一位名叫丁文诚的高级官员，为了见咸丰帝一面，在圆明园的一间屋子里等候时，发现在房屋的角落有像葡萄一样的东西用餐具盛着。他禁不住吃了几粒，阴茎马上就肿胀至一尺左右，变得难以行走。呼救之后，他被放到门板上抬回了家。

上述传说照例缺乏根据。如果咸丰帝真是好色之徒的话，应该有更多的孩子。不过，他即位后仅仅数年就开始厌倦政治，在京剧鉴赏等爱好上花费了很多时间是事实。另外，民间有传说称，其还是皇子时从马上摔下来腿骨折后，为了缓解旧伤的疼痛，一直吸食鸦片。不知道是不是吸食鸦片的原因，总之他对政务失去热情是确定的。

咸丰帝虽然不是暴君，但是无论怎么解释，也不能说他是位明君。

3

战争与政变

西太后的登场

西太后是从什么时候开始干涉政治的呢？这个时间很难判断。

咸丰三年（1853 年），父亲惠征被免职去世时，西太后被认为还没有发言权。当时，命令彻查惠征责任的咸丰帝的敕书，语句相当尖锐。如果西太后事先参加商讨的话，字面上肯定会有区别。

西太后发言权的戏剧性增加，被认为果然还是在生下皇子的咸丰六年（1856 年）之后。前一年，咸丰帝让其弟弟恭亲王下台。弟弟虽有才能但难以亲近，另外却也是最值得信赖的亲属。自己提拔的肃顺是位有才能的男人，但却是不可不警惕的野心家。能和咸丰帝商量那些想对大臣们保密的事情的人，只有后妃。但是，皇后（东太后）是位稳重型的人。因此，聪明伶俐的懿贵妃即西太后成为咸丰帝的商量对象一事，就不难想象了。

西太后作为当时的妇人，很难得的能够读写公文。大部分的嫔妃一进入后宫，就通过刺绣或者与宫女闲聊来度过闲暇的时光。但是，西太后入宫后，却研读四书五经、二十四史（由乾隆帝指定的从《史记》到《明史》的二十四本正史），可以说锤炼了其政治见识。咸丰六年（1856 年），咸丰帝已经厌倦了政治，很多时候在后宫或者行宫的个人房间里处理政务。他让懿贵妃审阅上奏给自己的奏折后叙述其大意等，就像让她做自己的私人秘书一样。

但是，在严格区分外廷（官方的政府机关）和内廷（后宫）的紫禁城，即使懿贵妃是皇帝私人秘书式的人物，其影响力也不过尔尔。清朝的政治采用彻底的公文主义，官员们也在一元化的指挥命令系统下活动。肃顺一派站在作为大臣能合法地指挥官员们的立场上，但是懿贵妃归根结底是内廷一宫主位，自己不能积极主动地到外廷左右官员们。即使发生奇迹，只要外廷和内廷之间的障碍没有拆除，她也就不可能干预政治。

但是，奇迹发生了。咸丰十年（1860 年），因第二次鸦片战争（1857～1860 年）的影响，清朝中枢全体出逃紫禁城，转移到了离北京 180 公里的热河（现在的河北省承德市）的避暑山庄。这是清朝建立以来最紧急的状态。

第二次鸦片战争

在道光二十年（1840 年）爆发的鸦片战争中，清军意外地善战。英军进攻由钦差大臣林则徐严加防备的广东，其行动以失败告终。在三元里，中国农民军包围了英军将其全部歼灭。鸦片战争的结果是英国获得香港，并让上海等五个港口开放。但是，无论是香港，还是上海，当时只不过是乡间的一个荒村，对于清朝来讲，只不过像是脚指甲尖儿大小的一个地方。另外，英国期待的贸易也并没有如预想的一样扩大。当时还没有以石油为动力的船只，运费很高。英国纺织工厂制作的棉织品的质量还赶不上手工作坊制作的南京棉织品（英语nankeen）。英国人想"让四亿人口的国民每人买一双英国生产的袜子"，但这样乐观的计划彻底失败了。

因为鸦片战争的战果不足，英国开始寻找新的开战借口。

太平天国之乱正盛之时，咸丰六年（1856 年）九月，清朝的官府现场检查停泊在广东港口的"亚罗号"船，一名中国乘务员因被怀疑是海盗而被捕。这艘船在一年前是作为英国船只登记的，有效期为一年。但是，爱尔兰系的英国人船长舍不得花费十美元更新资料，现场检查的十天前就到期了，已是无国籍的船只。而正在寻找借口的英国政府隐瞒事实，寻衅称"清朝的官府无理扯下英国国旗"，决定与法国共同派遣远征军。虽这样宣布了开战，但那时与现在不同，因为是只有帆船和蒸汽船的时代，所以时间并不紧迫。英法联军到达中国，占领广东，是在"亚罗号"事件后一年多的咸丰七年（1857年）末。此后，联军乘船沿海北上，于咸丰八年（1858年）四月占领大沽炮台，直逼天津。

清军的反击

据野史所述，此时的西太后已经在后宫处于领导者的位置。《慈禧传信录》中流传了这样的故事。咸丰帝在圆明园与后妃们宴会时，天津沦陷的战报传来。咸丰帝哭出声来，皇后以下的嫔妃们也都哭了。只有西太后一个人来到咸丰帝的面前，提出意见说："危急存亡的时刻，即使哭也不会起任何作用！恭亲王平日贤明，无论如何请与他商量商量。"咸丰帝遂召见恭亲王，让其与肃顺商讨。恭亲王主张和平，肃顺主张抗战，二人没有达成一致。

以上的记述，表现出了西太后女强人的一面，但未免有些夸张了。即使咸丰帝是个昏君，大概也不会在后妃的面前哭哭啼啼。不管怎样，从这之后西太后终于登上了历史的舞台。

咸丰帝任命大学士桂良（恭亲王的岳父）等为钦差大

臣，与英法联军进行外交交涉。咸丰八年（1858 年）五月，清朝与英法美俄四国签订了《天津条约》。英法联军暂时撤退。眼前的军事威胁暂时消失后，肃顺等主战派的声音立刻大了起来。

第二年，也就是咸丰九年五月二十五日，各国的全权大使为了交换《天津条约》的批准书抵达中国。清王朝要求各国的全权大使由陆路入京。但是，英法大使无视这一要求，乘军舰而来。

在蒙古族猛将、宗室一员僧格林沁的指挥下，清军在大沽炮台开炮，清军完胜。击沉以及击破英法军舰十二艘，英军死伤者四百六十名，法军十四名。英军的司令官受伤，副官重伤死亡，法军的司令官也负伤，清军取得巨大胜利。

顺便说一下，在四年后的日本，文久三年（1863 年）发生的萨英战争（萨摩藩和英军东洋舰队七艘军舰的战斗）中，英方的死伤者，包括司令官在内只不过六十三名，没有击沉英国军舰（日方的死伤者更少，仅十九名）。与此相比，英法在大沽所遭受的损伤之大是很明显的。

西洋军队并非天下无敌。与高新技术武器全盛的今日不同，昔日的战争，只要条件齐备，发展中国家的军队也能打败发达国家的军队。其最大的理由在于，即使是当时号称世界最强的英法军队，其补给也有所欠缺。

飞机自不用说，当时甚至连汽车和铁路都没有，运送重武器弹药只有通过人力和畜力。海路可以用船，但当时只有帆船和使用效率低下的发动机的汽船，从欧洲本国运送人员和武器弹药是非常麻烦的。并且，西洋人使用的武器弹药是精密的工业制品，在当地采购是不可能的。因此，只有从遥远的本国或者印度运到中国。由于后勤能力有限，当时的英国向亚洲战场运送陆军部队的规模，充其量也就数万人。而且，要考虑后勤的话，英国陆军能够进攻的地方，最远只能是离船只靠岸点两百公里左右的地方。如果想进攻超过这一距离的内陆深处，补给线被切断后，军队立马会变弱。第一次阿富汗战争（1838～1842年）英军惨败的原因也是由于后勤力量弱小。

英国人深知自身的极限，因此趁着太平天国之乱的混乱之际，攻打中国。清朝的主战派认为利用英法军队这样的极限能够取得胜利。

英法联军逼近北京

咸丰十年（1860年）五月，英法联军再次来袭。这次他们是认真的。军舰和运送的船只合计二百余艘，士兵二万五千余人，这样的阵容在当时是相当大的。六月十五日，联军占领天津北塘。

清王朝方面，投入了庞大的预算以强化大沽炮台的防备。如果英法军队的装备同上次一样的话，这次清军也能获得压倒性的胜利。但是，西洋的兵器日新月异。此次英军装备了已成为司马辽太郎小说标题的、有名的"阿姆斯特朗炮"。依靠这一新式兵器，清军被自己射程距离以外的炮弹打败，大沽炮台沦陷。

联军由天津登陆，开始一路向北京方向进攻。关于当时的情况，翰林院侍读学士（担任为皇帝侍讲与图书编撰的官职，正四品）吴可读在名为《罔极篇》的日记中留下了记载。其中，关于西太后的动向，写有如下应该注意的记载。

> 庚申七月（1860 年八月），母亲病倒后数日，已有夷狄从大沽港口登陆的传闻。（中略）皇上（咸丰帝——原注）病情加重，希望离开京城。但是，懿贵妃和僧王（僧格林沁——原注）表示反对，主张绝不让洋人入京。"（转引自布兰德和伯克豪斯共著《西太后统治下的中国》，藤冈喜久男译）。

如果以上记述是真实的话，当时的懿贵妃即西太后与僧格林沁都是强硬的主战派，一个女人家居然变得和男性将军有同等的发言权。

吴可读写有"皇上病情严重，希望离开京城"，但是咸丰帝至少表面上还在显示其强势。国家首脑如果让人看见哪怕即使一点儿的懦弱举动，全军的士气大概也会立刻萎靡不振吧。

咸丰帝也在最初发布了"朕亲自统帅六军（天子的军队）在通州迎击敌军"等有勇气的诏书。另一方面，肃顺等人偷偷地开始商议放弃首都退避到热河行宫的计划。

清朝和英法代表在通州召开讲和会议。但是，会议谈判破裂。僧格林沁拘禁了英方的代表帕克斯等人，将其带回北京。吴可读的《罔极篇》对此描述如下：

> 这日，我军逮捕敌将帕克斯等九人，收监至刑部监狱。因此，京中大为兴奋。另一方面，全是皇上正准备要北上巡幸的传闻。懿贵妃让老臣上奏，希望皇上在京师坚守到底。但是，此奏折一概没有发表（同前书）。

八月七日。僧格林沁率领久负盛名的蒙古骑兵队，在北京西①五公里左右的八里桥迎战英法联军。英勇善战的蒙古骑兵队败北，对英法联军进攻北京起了决定性的作用。

关于这一日的战斗，在当代中国发行的《蒙古族通史》中描述说，手拿弓箭和长枪的蒙古骑兵，向侵略者冲锋，即使接连被猛烈的火力扫射也没有一个人退缩。战后，他们的勇猛也让英法官兵感动，英法对蒙古骑兵队的爱国心和英勇善战赞不绝口。此外，在吴可读的《罔极篇》中是这样描述的：

---

① 原文如此，为"北京东"之误。

"七日，齐化门外我军和夷军发生冲突。我军以缺乏训练的蒙古骑兵应敌，没有实战经验，在夷军的炮弹下仓惶溃逃，多数被踩踏致死。外夷就这样逼近了城墙。"（同前书）

对于两种记述的差别，我们应该怎样判断呢？

逃往热河避暑山庄

当代中国评价咸丰帝为昏君。作为其一生中最大的污点被诘责的，就是在第二次鸦片战争之际放弃北京，逃到热河避暑山庄。

中国公开发行的书籍自不用说，如果看中国的网站，年轻的爱国者们还在谈论这场战争，实在令人吃惊。有人说，"那时咸丰帝应该死守北京，与英法联军战斗到底。那样就能胜利"。也有的说，"十九世纪末的埃塞俄比亚，各部族团结起来，展开游击战，击退了意大利的侵略军。非洲人可以，中国人也一定可以。如果那时的咸丰帝，呼吁天下彻底抵抗，进行持久战的话，中国北方人也可以像曾国藩那样组织乡勇，应该能战胜英法军"。

这些想法实际上是否可行另当别论，但一百五十年前的战争至今还强烈地刺激着中国人的爱国心，颇有意思。

然而，听闻八里桥战败的咸丰帝采纳了肃顺等人的意见，决意逃往热河避暑山庄，同时命令弟弟恭亲王和其岳父桂良留在北京与英法联军进行和平谈判。

在恭亲王看来，没有比这再倒霉的工作了。如果谈判失败，肯定会被英法方面俘虏。实际上，英法在这次战争中已强行绑架了两广总督（广东、广西两省的长官）叶名琛，他被送到了印度的加尔各答，并死在了那里。清朝方面也将帕克斯一行带到了北京进行拘留。

即使谈判能顺利达成协议，作为在屈辱的条约上签字的卖国贼，恭亲王也会被同胞们憎恨。无论谈判是失败，还是成功，恭亲王的政治生涯结束的可能性都很大。他的皇兄是在权衡考虑后才命令弟弟留守的。

八月八日，咸丰帝悄悄地带着大臣、后妃、太监、宫女等从北京出发去热河避暑山庄。不论谁来看此事都会认为是逃走，但名义上公布的是"巡狩避暑山庄"。

"山庄"这一名称似乎是山上的小屋，但热河避暑山庄是豪华的行宫，现在被指定为世界文化遗产。这里位于历代皇帝去入关前的旧都奉天（现在的沈阳）参拜的途中。到乾隆帝时期，这里作为皇帝夏天的避暑地被广泛地利用。但是，自先帝道光帝以来，多使用圆明园作为夏天的行宫，避暑山庄已经有四十多年没有被使用了。

这次这么突然，并且在越来越凉快的时节宣称去避暑山庄狩猎，实在滑稽。这样厚颜无耻的做法也是中国政治的常规。

反对放弃首都的西太后

在西太后的评传中大多说，此时期的西太后与懦弱的丈夫相比，一直到最后都反对放弃北京。根据吴可读的日记，在得到八里桥战败的消息后，"亲王以及一些大臣们请求懿贵妃圣驾出巡，皇上也打算即刻出巡。"（转引自前述的《西太后统治下的中国》）

咸丰帝终于决定离开北京后，懿贵妃很不情愿地跟随。吴可读在日记中谴责了咸丰帝的决定。"（前略）我怎么也不能理解此次的巡幸。一直到最后，懿贵妃都在劝说皇上，希望其留在京内，考虑以此震慑洋夷，安定人心。如果皇上置宗庙于不顾而出城的话，大概也不能免于侵略。说这些的是正直的懿贵妃。而且，屡次三番忠告皇上不要忘记周的东迁、'蒙尘'的故事的，也是懿贵妃。"（同前书）

如果上述记述都是真实的话，当时作为懿贵妃的西太后对政治的影响力与大臣一样，并与怯懦的丈夫不同，一直到最后都反对放弃首都这样辱国的行为。这段描述的确生动地呈现出了一个女杰的形象。但是，真的是这样吗？

实际上，前面所介绍的吴可读的《罔极篇》，据说有在他死后被润色的可能性，因为西太后反对咸丰帝北巡的记述，只是出现在了清朝灭亡后英国出版的畅销书《西太后统治下的中国》所引用的英译版《罔极篇》中。英国是诞生研究东洋学的阿瑟·韦利和研究中国科技史的李约瑟这样严谨的大学者的国家，同时也是臭名远扬的对开小报的正宗。《西太后统治下的中国》的两位原著作者有卖文之徒的恶评。巴克豪斯是个古怪的人，是在回忆录中厚脸皮地写下"我与西太后最初发生肉体关系是1903年的事情，关系一直持续到西太后去世"等谎言的骗子。（《龙女（Dragon Lady）》）。他在《西太后统治下的中国》中记载的英译版《景善日记》（所谓满洲旗人写的自我吹嘘的日记）也是根本不存在汉文原本的、捏造的伪书，在今天这已经被证明了。因此关于他引用的英译《罔极篇》，也不能保证没有加入同样的虚构内容。

即使假设西太后真的极力主张死守北京，但最终皇帝还是逃到热河去了。因此，不能过高评价她在此时的言论影响力。如同后面所描述的，在热河的咸丰帝不顾病体热衷于戏曲，导致了他半自杀式的死亡。由此来看，可以知道当时的西太后并没有足够的影响力让咸丰帝停止这样没有节制的生活。

也就是说，在咸丰帝看来，西太后只是多嘴的嫔妃而已。

清朝的潜力

近代国家的元首是与首都人民共命运的。第二次世界大战时，斯大林没有逃往乌拉尔地区，而是坚持留在莫斯科。希特勒也没有逃往南德，而与柏林共命运。昭和天皇也拒绝了陆军发出的向松代大本营（在今长野县）疏散的请求，留在东京不动。

但是，这个常识并不适用于中国。第二次鸦片战争时咸丰帝逃往热河，义和团事件时西太后逃往西安，日中战争时蒋介石逃往重庆，以维持各自的政权。正如中国兵法中所说的"三十六计，走为上策"。如果政府逃往国家的内陆地区，中国的众多人口就这样化为战略纵深的阵地，外国军队就难以追击。

在这个意义上，咸丰帝逃往热河，在当时的情况下可以说是正确的判断。在今天的中国也能听到一些意见称，"明末的崇祯帝没有从北京逃脱而是自杀了，咸丰帝应该也在北京自杀"，但这是比较不切实际的。崇祯帝被李自成的叛乱军包围，而且关外（万里长城的外侧）有清军逼近，处于无处可逃的境地。但是，咸丰帝以"巡狩"之名出京前往的是只有二百公里距离的避暑胜地，从而保证了政权的存续，想逃跑也是情有可原的。

如前所述，当时的英法联军装备的近代化成了薄弱的环节，离船靠岸地点二百公里以外的地方成了攻势的终点。实际上，第二次鸦片战争中英法联军进军到北京，对北京郊外的圆明园进行掠夺烧毁之事已是竭尽全力，并没有能力再去追赶在距离只有二百公里远的热河的咸丰帝。如果万一英法联军勉强能追击到热河的话，再进一步逃往内地奉天就可以了。

　　还有一点，咸丰帝决定暂时放弃北京的根据，是因为当时没有能够立刻取代清朝的势力。以南京为首都的太平天国也在咸丰五年（1855年）北伐失败之后，打消了攻占北京、实现统治全国的念头，成为地方政权。组织湘军（湖南省的义勇军）威震天下的曾国藩，拼命地宣扬自己是清朝的忠臣，毫无野心。即使咸丰帝不在首都，也不用担心国内别的势力利用这一机会建立新的王朝。

沉迷于戏曲的日子

　　咸丰帝将与联军和谈的任务推给了恭亲王和桂良，而自己却带着大臣和后妃龟缩在热河。此后，在中国政界就形成了两大派别的对立，一派是拥护咸丰帝远避热河的肃顺一派，另一派是留守在北京的恭亲王一派。

　　打消向热河追击念头的英法联军，突然闯入北京郊外的圆明园。他们掠夺宝石、贵重金属、字画、古董等，并放火焚烧。虽然法国公使格罗反对破坏圆明园，但是通州会议时被扣留使者的英国，为了报复主张火烧圆明园。有一说法称，英国的真正意图是通过放火来掩盖掠夺的痕迹。

　　在当代中国的历史教育中，称凝聚了东西文化精华的圆明园是世界文化遗产，不要忘记掠夺它、破坏它的英法联军的暴行。

笔者过去在北京大学留学时，饭后经常去圆明园散步，除了茂盛的绿地，没有留下什么能让我联想到往日繁荣的东西。毫无残留至此程度的原因在于，清朝灭亡后附近的农民进入圆明园，拿走了废墟上的石头、庭院的铺石，或用于建造自己的房屋，或毫不惋惜地卖掉。小声地补充一句，关于已经消失的喷泉和庭院、建筑群也有人给予了冷淡的评价，称"这些都已经成了废墟，不能修复。西洋风格的宫殿好像也不能说是特别优秀的建筑。"（增井经夫《大清帝国》①）

转移到热河避暑山庄的咸丰帝，每天以观看戏曲来打发时间。本来清朝的历代皇帝就喜欢戏曲。初期的皇帝不仅将其作为娱乐，身为统治者，他们还为了解民情而观看戏曲。但是，后来的皇帝逐渐将戏曲作为兴趣爱好而深陷其中，咸丰帝当时已经完全被戏曲迷住（当时的戏曲是京剧、昆曲和一些地方戏曲）。

咸丰帝自己改编戏曲剧本，然后让宫廷剧团和聘请来的民间剧团表演，他是到了这种程度的戏曲迷。就连英法联军正在逼近北京时，咸丰帝也没有减少观赏戏曲。转移到热河三个月

---

① 增井经夫著《大清帝国》2016年将由社会科学文献出版社出版中文版。

后，咸丰帝就早早开始让宫廷剧团表演戏曲了。因为热河是行宫，所以舞台服装储备不足。但是，咸丰帝命令说，"即使舞台服装与角色不合适，只要头上戴着官帽就可以了。总之先演戏吧"。于是，十一月十一日，从白天到傍晚演了四个半小时的戏曲，以此为开始，直到他八个月后去世前也没有中断观赏戏曲。

咸丰帝为了戏曲，请到避暑山庄的艺人、乐师等也达到了二百名，行宫好像变成了剧场。在北京，恭亲王努力与英法联军谈判，在南方，清军与太平天国继续激烈地战斗，这种情况下，咸丰帝却每天沉迷戏曲度日。只有沉浸于震耳欲聋的锣鼓声中、对舞台上才子佳人的歌声听得入迷之际，咸丰帝才能忘记所有的现实。这已经接近麻药中毒的状态。

鬼子六的骂名

留在北京的恭亲王和联军签订了屈辱的《北京条约》。

他在九月十一日首先与英国、第二天十二日与法国分别签订了条约。除了支付给英法赔偿金各八百万两白银外，还包含有加速中国半殖民地化的不平等条约的内容。半个月后的十月二日，又与俄罗斯签订了条约。俄罗斯没有参战，但以帮清朝与英法两国斡旋为借口，割取了约四十万平方公里的沿海州。

英法方面称恭亲王为 Prince Kung（现代英语对照中国式

的罗马字母大多拼写为 Prince Gong）。根据当时英国人的记述，据说签字仪式的当天，恭亲王面色苍白，从开始到最后一直都是战战兢兢的样子，言谈之间暗含怒气。

恭亲王在感情上是排外主义者。但是，为了签订《北京条约》，被同胞冠以"鬼子六"的骂名（与洋鬼子即西洋的鬼怪生下的排行第六的男子①）。即使在二十世纪的今日，如果用汉语说到鬼子六时，是作为"依仗外国的势力，想要扩张自己国内势力的卖国贼一样的政治家"的代名词来使用的。

西洋人对"鬼子六"的评价相应地很高。在他们的眼里，咸丰帝看来是个对撕毁条约无所谓、一旦有事就逃跑、没有诚意的人。与此相比，其弟弟恭亲王仅从端正地坐在交涉席上这一点来看就远比咸丰帝强。事实上，恭亲王也想逃往热河，但是其皇兄不允许，应该算是摊上了最倒霉的差事。

还有这样的事情：咸丰帝逃往热河后，北京就在流传这样的谣言，称"皇帝一到热河就驾崩了"。对此深信不疑的英法方面，出现了推举恭亲王做下一任皇帝的动作。法国公使格罗也在九月六日（公历十月十九日）写的信中称，"清朝皇帝好像已经驾崩了。在联军的同意之下由恭亲王即位为好"。

咸丰帝驾崩的误报，之后很快就被更正了。但是，列强们期待恭亲王即位的传言，立刻传到了热河。

---

① 作者此处对"鬼子六"的注解明显有误。

惇亲王（道光帝的第五子）是曾经早早地在皇位继承竞争中出局的轻薄之人，对同龄的哥哥咸丰帝高呼："恭亲王这是要谋反！"对此，咸丰帝也不痛快。他表面上对恭亲王在北京的勤勉工作给予表扬，但是从心里下定决心不让弟弟第二次返回政权的核心。

不管怎么说，由于恭亲王自身承担了这倒霉的角色，英法联军才从北京撤退。北京的恭亲王和桂良上奏在热河的咸丰帝称，"现在北京已经安全了，请回来吧"，多次恳求回銮（皇帝返回）。但是，咸丰帝喜欢热河舒适的生活，以静心养病为借口，不想返回北京。肃顺、端华、载垣三位权臣，也反对返回北京，认为为时尚早。在肃顺三人看来，在热河围在皇帝身边，可以独占权力，什么都方便。

北京的恭亲王和桂良也想去热河请安，数次上呈奏折。但是，热河方面只是回答"不必前来"。

此时的咸丰帝因为长年不注意保养身体，染上了结核病。为了自己死后能确实地将权力移交给只有六岁的儿子，他开始部署筹划。

咸丰帝驾崩

让大臣之间对抗，分散大臣的势力。这是中国政治的常规。

　　道光帝曾让深深信赖的林则徐在罢官后又恢复了权力，咸丰帝也想让恭亲王先下台再复权，理由都是相同的：为了避免特定的大臣势力过于集中，故意让其下台，调动职位。

　　咸丰帝挑选肃顺，作为对抗弟弟的势力。但是，肃顺的势力变得过于强大。咸丰帝担心自己死后，肃顺独占权力，不能圆满地将权力移交给年幼的儿子。谁最能保护我的儿子呢？大概还是他的母亲吧。因此，咸丰帝决定继肃顺一派、恭亲王一派后，树立"皇后派"作为第三派政治势力。这样的话，自己死后三派能互相牵制，保持势力均衡，以期能够保护幼帝。

　　咸丰帝每次咯血时，都要喝鹿血。在还没有治疗结核病的特效药的当时，动物的血液被认为可以起到良药的作用。皇帝的病时好时坏，但还是边咯血边看戏。虽说他担心自己儿子的将来，但是自己好像已经没有了努力注意养生、恢复健康的想法。

　　如果查看咸丰帝去世前两天，咸丰十一年（1861 年）七月十五日的观赏戏曲的记录，可以知道从未初三刻（下午一时四十五分）到酉正三刻十分（下午六时五十五分），咸丰帝只休息二十分钟左右，断断续续用五个多小时观看了《蓬山增寿》、《琴挑》、《借饷》、《查关》、《白水滩》、《凤凰山》。至此，感觉已是大限将至。果然，第二天七月十六日早晨，咸丰帝身体不佳，那天取消了观看戏曲。下午昏倒之后，陷入病危状态。

当天夜里，咸丰帝册封自己六岁的儿子为皇太子，任命肃顺、端华、载垣等八位大臣为顾命大臣（天子临终前指定的特命大臣），委托后事。肃顺等人为了慎重起见，请求病榻上的咸丰帝书写朱谕，已经陷入病危状态的皇帝不能握笔，于是自己口述，让廷吏代笔。任命顾命大臣的诏书不是皇帝亲笔书写，导致之后产生了对其是否为捏造的怀疑。数个小时之后，咸丰帝于七月十七日早晨驾崩，享年三十一岁。

咸丰帝去世的同时，他六岁的儿子登基，也就是同治帝。

嫡母皇后和生母懿贵妃，都被封皇太后的尊号。虽然"西太后"的这一通称稍稍产生在这之后，但事实上，从那一天开始西太后就登上了历史的舞台。

肃顺的专横

西太后一生中有三次濒临危机。第一次是辛酉政变（1861年），第二次是戊戌政变（1898年），第三次是义和团事件之后的庚子西狩（1900年）。其中辛酉政变的前夜，西太后是真正处于如履薄冰的危险状态。

故事要追溯到咸丰帝去世之前。

咸丰帝将"御赏"的印章交给皇后，"同道堂"的印章交给自己的儿子载淳（后来的同治帝）。皇后不会读写公文，六岁的皇子也不会在奏折上进行批注，但是可以盖章。因此，咸丰帝决定，自己死后对大臣们奏折的裁决需要由母子二人盖章后才有效。

当时社会上一般的想法是，皇太子的"母亲"不是生母懿贵妃即西太后，而是嫡母皇后即东太后。这与日本的大正天皇的嫡母是昭宪皇太后（明治天皇的皇后），而不是生母柳原爱子一样。事实上，与脾气暴躁的生母相比，年幼的载淳更亲近温和稳重的嫡母。

与此同时，肃顺一派在咸丰帝死后，策划独揽大权。根据野史的记载，肃顺一派向咸丰帝建议，希望其模仿"汉武帝处置钩弋夫人之典故"，杀掉懿贵妃。钩弋夫人是汉武帝的一个妃子，汉昭帝的生母，史书中被称为赵婕好或拳夫人。武帝晚年时，想立最小的儿子为继任者。但是，考虑到皇子年幼，其母钩弋夫人年轻，武帝担心自己死后钩弋夫人拥幼帝而垄断朝政，找了个借口处死了钩弋夫人。

对于肃顺等人来说，老实的皇后构不成威胁。但是，才华横溢的野心家懿贵妃是潜在威胁。咸丰帝深思熟虑后，并没有听取这一意见。此后，懿贵妃偶尔听到了这个传闻（一说是醉酒后的咸丰帝自己告诉她的），因此对肃顺一派非常痛恨。

上述逸闻有很多不同说法。有野史记述，考虑想模仿钩弋夫人的故事来杀掉西太后的是咸丰帝自己。多亏西太后的妹妹与其丈夫醇郡王（咸丰帝的弟弟，道光帝的第七子）从旁劝解才作罢。

肃顺建议咸丰帝杀掉西太后的事情，存在的可能性很大。但是，即使咸丰帝同意，也难以用像武帝那样的方式处死西太后，大概只能秘密命令太监悄悄毒死她吧。

汉武帝和把为防止外戚专横而处决皇帝的生母作为惯例的北魏（386～534年）都是很久以前的传说。清朝时，到底还是不允许做出那样非人道的行为。而更古老的中国社会，还没有那么进步。

有例在先：乾隆三十年（1765年），乾隆帝对向自己谏言的皇后（乌拉那拉氏）很生气，想将她降为低一级的皇贵妃。对此，大臣们都反对，称"不能废除无罪的皇后"。因此，贵如乾隆帝确实也没有能将皇后降级。之后，皇后因病去世。乾隆帝将皇后的葬礼仪式按照皇贵妃的规格举行，总算是解了心头之气。

即使是皇帝，如果没有正当的理由，也不能随意地降低后妃等级。实际上，整个清王朝被处决的后妃只有一例，就是按西太后命令被杀的光绪帝的珍妃。

辅政方式

辅佐幼帝成长到开始亲政，有三种模式。

第一种是摄政方式。幼帝的伯父或者叔父，作为摄政王代为处理政务。古时候有著名的周公旦（周武王的弟弟，武王去世后辅佐年幼的侄子成王），在清朝有多尔衮（顺治帝的叔父）也是如此。

第二种是辅政方式。由多位有力的大臣以集团指导体制来维护幼帝。在清朝，八岁即位的康熙帝就是如此。

第三种是垂帘听政的方式。御座之上的幼帝背后有其母亲（皇太后）垂帘听政，掌控皇帝的一举一动。在清朝的祖制中，原则上是禁止垂帘听政的。但是，失去双亲的年幼的康熙帝，曾受其祖母孝庄太后的辅佐，似乎就是"准垂帘听政"的成功例子。

三种方式各有利弊。

第一种摄政方式，如果叔父是个野心家，就有夺取侄子皇位的危险。如果从咸丰帝的角度来看，恭亲王奕訢就是个野心家，惇亲王奕誴是个轻率之人，而比自己小九岁的醇郡王还过于年轻。因此，咸丰帝放弃了这种摄政方式。不仅如此，还决定将恭亲王排除在政权中枢之外。

第二种辅政方式，清朝曾经有过先例。索尼、苏克萨哈、遏必隆、鳌拜四大臣辅佐过年幼的康熙帝，但不能说是成功的。鳌拜杀掉了与其交恶的苏克萨哈，实际上独揽大权。康熙帝一开始亲政，就是要立刻铲除鳌拜。辅政的方式无法避免这种流血的危险。

咸丰帝除了任命肃顺、端华、载垣三人外，也将恩师杜受田的儿子们列入八人的顾命大臣里，是考虑到要避免权力集中到"三人组"。不仅如此，咸丰帝还为了让东太后和西太后牵制肃顺的随心所欲，将印章留给了东太后和皇子。咸丰帝还完全同意了皇子的印章由其生母西太后代为掌管。

咸丰帝期待着，辅政派即顾命大臣一方与垂帘派即皇太后一方的势力均衡，一直持续到其皇子开始亲政的年龄。

西太后与肃顺

此时的西太后二十七岁，东太后二十五岁，新皇帝只有六岁。三人对于政务都没有任何经验。

肃顺正是干劲十足的三十六岁，从三十岁时起就已经成为政界最有实力的人。

肃顺不仅是位善于要弄奸计的政客，还是位有未来眼光的政治家。他有先见之明。他坚持反对保守抵抗势力，提拔重用曾国藩、李鸿章等汉人官僚。他还坚决反对西洋列强对中国的侵略。例如，《天津条约》中俄国要求割让沿海州时，肃顺对此表示严厉拒绝，甚至连俄国也在与清朝就共同管理沿海州问题上妥协了（最终，在《北京条约》中恭亲王将沿海州割让给了俄国）。如果肃顺没有被打倒，继续做清朝掌舵人的话，大概对曾国藩和李鸿章等人的"洋务运动"（后述）就不会吝惜国家支援了吧。如果这样的话，在中日甲午战争中也许清朝就不会败给日本。

从肃顺来看，大概希望这两位寡妇不要干预政治，在后宫悠闲地喝喝茶。柏葰被处决以后，官僚们都仰肃顺之鼻息行事。因没有被任命为顾命大臣，恭亲王实际上也失势了。肃顺的时代似乎就要到来了。

但是，如果从西太后等人的角度来看，肃顺就如同《三国志》中的曹操一样，是个野心家。曹操并非汉王朝皇室的刘姓，而肃顺姓爱新觉罗氏，因此是更大的威胁。如果他宣布"在内忧外患国家存亡的时刻，虽然不得已，但自己将即皇位"，该怎么办呢？可怕的有实力的人物和如同外行的妇女儿童，舆论大概会选哪个作为统治者呢？

咸丰帝死后，顾命大臣们决定从第二年开始使用新年号——"祺祥"（幸福吉祥之意）。关于此年号命名的由来，在《清代野记》中记载有如下的传说。

肃顺有个习惯，早晨起床后，马上在床榻上用玉杯饮用药用人参汤。那个玉杯是咸丰帝所赐，是用和田产的羊脂玉做的，价值连城。一天，内侍不小心将杯子掉在地上摔碎了。担心被惩罚想要逃跑时，他的上司让他去找与肃顺很亲密的陈尚书。内侍请求陈尚书帮忙说情，陈尚书传授他一个计策。

第二天早晨，内侍不动声色，如往常一样端着人参汤送到肃顺的床前。内侍撩开帐帘（古时候中国的床是挂着帘子的），突然大叫一声倒在地上，玉杯打碎了。肃顺询问何事，内侍回答说，"从主人的左右鼻孔中冒出了像龙一样的两条黄色烟气，足有五六尺长。我吓了一跳，就把玉杯打碎了。"黄色和龙都是天子的象征。肃顺心里暗笑，对内侍说"喂，不可胡言乱语，没有什么可害怕的"，堵住了他的嘴，没有询问玉杯的事情。实际上，内侍用胶把昨天打碎的玉杯粘好，今天早上在肃顺的面前再次打碎了。

咸丰帝驾崩后，在肃顺改下一个年号为"祺祥"的背后，是有这样的秘密的。

这个传说真实与否另当别论，但肃顺没有觊觎皇位的野心吗？以这样怀疑的目光从社会上看到的事情却是事实。咸丰帝去世前任命的八大顾命大臣中，理所当然应该有恭亲王的名字，事实上却没有，并且遗诏并非皇帝亲笔书写，因此助长了人们的疑惑。民间流传着这样的传说，称肃顺为了独揽大权伪造了咸丰帝的遗诏。

笔者不认为肃顺有要篡夺皇位的野心，但他独揽政权的欲望过于强烈也是事实。咸丰帝的构想是，没有恭亲王的辅政和垂帘听政二者并用。但是，肃顺不仅将恭亲王，也将东西两位太后排除在外，策划只有八大顾命大臣的辅政。

西太后大概很焦急。但是，仅凭东太后和西太后两个女人的力量来对抗肃顺等人是没有胜算的。如果这是在像汉朝或者唐朝那样后妃制度不健全的时代，外戚的男性可以进入政权内，帮助后妃。但是，时代已经到了清朝，西太后和东太后娘家一族的男性，没有可能进入政权支援她们。本来在选秀女制度中，为了防止外戚专横，有势力家族的女子是不能被选为后妃的。西太后和东太后的娘家也不具备进行权力斗争的力量。

西太后最信赖的亲属就是妹妹（乳名蓉儿）。她的妹妹参加了西太后之后那一次的选秀女，此后成为道光帝七子醇郡王的正夫人。妹妹与姐姐性格相反，老实文静，与丈夫相处和睦。虽说是贵妃，但没能成为皇帝正妻的西太后常常嫉妒妹妹的幸福，然而妹妹仍然是其处于危险时刻值得依赖的亲戚。在逃到热河之后，西太后通过妹妹，依靠醇郡王悄悄与留在北京的恭亲王取得了联系。

此外，在野史中记载的传说称，咸丰帝死后，在热河被肃顺一派采取手段形同软禁的西太后故意斥责太监安德海（也写作安得海），以将其流放到北京的名义，托付他给恭亲王送去密信。但是，这个传说大概是虚构的。因为西太后即使不采用派遣宦官这种危险的方法，也可以通过妹妹夫妇与外部取得联系。即使是肃顺，也并不能干预郡王夫妇的行动。

武装政变计划

如果不除掉肃顺，皇子和自己都有危险。左思右想的东太后和西太后，与恭亲王联手，开始在背后着手发动武装政变。

通常情况下，这是慎重再慎重的事情。但是，她们这些政治外行所处的情况，是一眼就能被看穿的。而令人吃惊的是，这样的外行人竟然战胜了肃顺，成功地夺取了政权。这就是中国政治力学的有趣之处。下面，咱们就看看武装政变之前的经过吧。

咸丰帝驾崩九天后的七月二十六日，恭亲王从北京赶到热河。皇兄生前一直没有被允许来热河的弟弟，在葬礼仪式当天，趴倒在灵位前失声痛哭。这不是形式上的哭泣。参加葬礼者也都被其感动而纷纷落泪。

葬礼结束后，东太后和西太后接见了恭亲王。恭亲王提出不要单独会面，而是和肃顺等顾命大臣一起晋见。这是考虑为了避免引起怀疑，被说成是"密谈"。但是，东西两太后对此表示拒绝，单独召见了恭亲王一人。她们花费了两个多小时的时间，向恭亲王哭诉了肃顺三人的专横粗暴，密谈了两个月后进行武装政变的计划。

虽然说是密谈，但其实她们进行的密谈原本就是公开的事实。因此，就连孩子也能察觉到，商量的是某些让肃顺等人知道了就不妙的事情。这就是她们缺乏政治经验的表现。

接着，发生了难以置信的事情：恭亲王的哥哥将武装政变的计划透露给了肃顺。

道光帝尚在世的儿子中，六子恭亲王奕䜣和七子醇郡王奕𫍽（西太后的妹夫）是太后派。还有一个五子惇亲王奕誴是肃顺派，反对垂帘听政。

惇亲王轻率粗暴，尽管如此，对于恭亲王和醇郡王来说他也是无人可以代替的哥哥。虽然详细情况不明，但可以知道他们毫不隐瞒地告诉了惇亲王自己一方有打倒肃顺的秘密计划，似乎想偷偷地说服他，希望他趁现在转变为太后派。之后，关于惇亲王采取的行动，在其孙溥杰（溥仪的弟弟）于一九六四年的口述中还留有记录。

　　东西两太后和奕訢等人，密谋想要处决怡、郑二亲王以及肃顺时，我的祖父听到了这个消息。然后，同肃顺等人一起吃饭时，在奕訢的面前，祖父用手拽住肃顺的辫子，大声地说"人家要杀你哪"。此时，肃顺只是小声地几次说"请杀，请杀！"

不幸中的万幸，肃顺对惇亲王的话并未在意。惇亲王的轻率臭名昭著。数月前他也向其哥哥咸丰帝高呼："恭亲王要谋反！"结果只是让周围的人偷笑、皱眉反感而已。

甚至是恭亲王，也没有向东西太后报告此事。恭亲王向西太后报告此事，是在政变成功之后。西太后害怕此事传出去，所以最后没有深究。但是，她心里是非常生气的，之后没有让惇亲王担任要职。

政变竟然就这样成功了。

官员的舆论

八月七日，恭亲王奕䜣返回北京。就像与之交换一样，由山东监察御史董元醇书写的奏折到了热河。其内容是站在臣下的立场，恳请东西两太后实施垂帘听政。

两太后如获至宝，将此奏折拿给肃顺等八大顾命大臣看。肃顺等人强烈地指责董元醇的奏折为"不懂政治"，与两太后展开激烈的舌战。此时，两者的关系已经不可能修复了。

蒙古族猛将僧格林沁，在中央政权斗争的紧张时刻，在地方镇压乱军。他将战斗的报告送到热河，收信人写的是"伏乞皇太后、皇上圣鉴"，以这样的形式发给东西太后和幼帝。对此，独揽大权的肃顺等八大顾命大臣给僧格林沁回信说，"望今后报书只写皇上一人"。僧格林沁拒绝肃顺一派的命令，回信说"因让皇太后审阅奏折是天下周知的事实，所以自己今后在写奏折时，还会如此前一样。见谅！"敢于这样回复，不愧是统率千军万马的猛将。

在北京，恭亲王等人稳步地准备着政变的事前工作。北京的政界都倾向于垂帘听政。在科场案和钞票案两大疑案中肃顺得罪了多数的官员。另外，守护幼帝的两位年轻寡妇这一印象，容易博得臣子的忠诚之心。

从官员们的内心讲，与控制自己的老练的肃顺相比，他们更容易拥戴、支持不通政务的皇太后。另外，如果继续让对外强硬派的肃顺掌握政权的话，很有可能向列强挑起回收国权的复仇战争。在这一点上，如果让"鬼子六"即恭亲王掌握政权的话，可期待外交顺利地进行。

决定发动武装政变

九月二十三日，转移到热河的清朝中枢，护送着咸丰帝的灵柩，向北京出发。在北京有恭亲王一派，但表面上北京的官员都完全服从肃顺等人。此时肃顺一派有所大意。

从热河到北京需要五天的路程。因驿站所容纳的人数限制等原因，所以计划分成两队分别前行，然后在北京汇合。咸丰帝的灵柩走大道。东西两太后和幼帝抄近道。肃顺自己和咸丰帝的灵柩一起在大道上缓慢前行。东西两太后一行，在端华和载垣的监视下抄近道。

九月二十九日下午，西太后方面早一天到达北京。因为这一日之差，决定了胜负。到达北京的西太后等人与恭亲王进行了密谈。

第二天九月三十日，东西两太后在内廷召集恭亲王和大学士桂良、周祖培等恭亲王一派的大臣，以同治帝的名义发布谕告，罢免肃顺、端华、载垣三人的职务并将其定罪。

　　此时，毫不知情的端华和载垣上朝了，因为他们是御前大臣，所以可以光明正大地进入内廷，恭亲王等人没有这样的资格。端华和载垣认为东西两太后会像往常一样发发牢骚，但是两太后却以强硬的语气说"外廷臣子，何得擅入"。于是，恭亲王宣读了刚刚写好的对肃顺一派定罪的谕旨。左右侍卫立刻拘禁了端华和载垣。如果这是在外廷的话，肃顺派的护卫肯定会反击，可能会造成流血事件。

　　当天夜里，护送咸丰帝灵柩的肃顺尚未知晓北京的突发事件，留宿在密云县。与他同道的醇郡王按照事前的约定，率领士兵闯入肃顺的宿地，在肃顺正与两名小妾一同就寝之际逮捕了他。

　　肃顺、端华、载垣三人被关押在北京的宗人府（管理宗室的官府）。根据薛福成所著的《庸庵笔记》中的描述，肃顺见到先被收监入狱的二人很生气地说，"若早从吾言，何至有今日？"但是对"吾言"的具体内容并没有记录。

　　拥有巨大权力的"咸丰朝三奸臣"，就这样未流一滴血地被逮捕了。肃顺等人的收监之处不是刑部而是宗人府，说明这样的政变被作为爱新觉罗家族的家事处理了。受过肃顺恩惠的一些汉人官员们，心中对其虽有所同情，但是什么也做不了。

　　结果，顾命八大臣中，只有肃顺、端华、载垣三人被宣布处以死刑，剩下的五人被免职。对于其他肃顺一派的处理也都在一个月内草草地结束了。同肃顺一派在科场案和钞票案两大疑案中所采取的严惩主义相比，算是宽大的处理。北京的人们都安心下来，欢迎新的政权。

不过，采取宽大措施还有其背后的考虑。也有记述称，官府调查查抄肃顺家时没收的书信，发现背后与其偷偷勾结的官员人数过多，因全部问责会引起社会不安，所以不得不采取宽大处理的措施。

清朝的祖制中，宗室的人一般不会处以死刑，而是赐其自尽。端华和载垣二人赐其暗中自缢，但是，被看成是首恶的肃顺没有被允许自尽，而是在北京的菜市口被公开斩首示众。

《庸庵笔记》记述了执行死刑当天的情形，如下。

> 肃顺以科场、钞票两案，无辜受害者尤多，都人士闻将杀肃顺，交口称快。其怨家皆驾车载酒，驰赴西市观之。肃顺身肥面白，以大丧故，白袍布靴，反接置牛车上。过骡马市大街，儿童欢呼曰："肃顺亦有今日乎!"或拾瓦砾泥土掷之。以之，面目遂模糊不可辨云。将行刑，肃顺肆口大骂，其悖逆之声，皆为人臣子者所不忍闻。又不肯跪，刽子手以大铁柄敲之，乃跪下，盖两胫已折矣。遂斩之。[1]

---

[1] 本段引文据薛福成《庸庵笔记》之《咸丰季年三奸伏诛》。

　　肃顺的末日，同两年前在同样的地点被斩首的柏葰的预言一样。

　　预定第二年开始使用的新年号"祺祥"还未使用便被废弃，改用是"共同治国"意思的"同治"作为年号。在古代中国，有迷信说政变容易发生在六十年一次的辛酉年。这次政变发生当年所用干支纪年碰巧也是辛酉，因此被称为辛酉政变。因已成为幻影的年号，也有称之为"祺祥政变"的。

　　参与这次政变的中心人物的年龄年轻得令人吃惊。西太后二十七岁、恭亲王三十岁、东太后二十五岁、醇郡王（政变后，晋升为高一级的亲王）二十二岁。

垂帘听政的开始

　　政变后的十一月二十四日，翁同龢将执掌政务的西太后等首脑的情况记在了日记中。翁同龢是咸丰六年（1856 年）的状元，担任过同治帝和光绪帝的家庭教师，后来历任军机大臣等要职，是一位政治家。

　　　　黎明，侍大人（父亲）入内。辰正（上午八点），引
　　见于养心殿。两宫皇太后垂帘（纱屏八扇、黄色），皇上
　　在帘前御榻坐（无靠背的玉座）。恭邸（恭亲王，邸是尊
　　称）立于左，醇邸（醇亲王）立于右。吏部堂官递绿头

签（在上面涂有绿色的纸张上写的文书），恭邸接呈案上。是日引见才二刻（三十分钟）许即出。

养心殿是皇帝日常生活的起居室，其面积与日本普通家庭差不多，屋顶也比西洋建筑低。有四亿人口的大帝国的政治，就是在这样小巧舒适的地方进行运作。

有意思的是，此"五人组"就如在京剧舞台上一样，各自恰好站在各自适合的位置上。幼帝坐在房间的中央，两位叔父分别站在左右控制。虽是叔父，因是臣子，所以在皇帝面前是不能坐的。另外，恭亲王站在左边，是因为与右边相比左边是上座。

此外，所谓垂帘听政的"垂帘"，字面上是绸缎织成的帘子，实际上从这本日记中可以知道，东西两太后的身影是隐藏在八扇黄色纱屏后面。

4

垂帘听政的光与影

西太后的遗产

辛酉政变的成功让年仅二十七岁的西太后进入到了国政的中心。最初，西太后温和敦厚，妥协于恭亲王奕訢和东太后等人的"寡头政治"。但是，亲生儿子同治帝死去、东太后去世以及恭亲王下台后，西太后成了事实上的专制君主，开始独裁统治。

应该注目的是，当代中国的基本框架是在她的统治下形成的。

例如军阀政治的出现。直到昭和仍然存在的日本军阀，就是作为公务员的职业军人代表军队干预政治。而中国的军阀却与此性质不同。政治家以国防作为正当充分的理由募集半私人性质的军队，依托军队的威慑，对中央政界产生影响力，这就是中国的军阀。军阀政治这一近代中国独特的政治格局，也是起源于西太后统治的时代。

中华人民共和国的领土也是西太后的遗产。当代中国的领土，除了蒙古国的部分，大体上也继承了西太后统治时期的领土。在她统治的后半期，由于中日甲午战争的失败，将台湾割让给日本。英国要求割让香港的新界地区时，西太后没有同意永久割让，而是决定借给其九十九年。台湾也好，香港也罢，都是比原来富裕数倍之后才回归中国的。而在当代中国人的心目中，仿佛西太后的统治时代先验地（アプリオリ）形成了当代中国领土的基准。现代中国人绝不同意新疆和西藏独立。另外，以在光绪十九年（1893 年）西太后给洋务派官员盛宣怀的所谓的手书（1972 年，由自称是盛宣怀的孙子、已故的徐逸氏第一次公开发表，伪造之嫌很大）为根据，主张尖阁诸岛①是属于中国的领土。而与之不同的是，关于俄国在第二次鸦片战争中得到的沿海州，当代中国人对俄国政府无任何抗议，其中一个原因就是，那是在西太后之前丧失的领土。

然后，还有一个中国的研究者们不能公然指出的事实。政权的首脑利用大众的狂热彻底地确立独裁这一所谓的中国政治手法，也是西太后发明的。西太后利用义和团事件确立了卡里

---

① 指我国钓鱼岛及其附属岛屿。

斯马型支配。

除此之外，在政治、经济、文化的各个领域中，有很多情况都发端于西太后时代。西太后为什么能够留下如此巨大的影响呢？下面，我们通过分析她的为人以及她作为政治家的资质，来解开这个谜。

世界历史上最幸福的寡妇

如果采访年轻时的西太后，问她"最羡慕的人是谁？"的话，大概她一定会立刻说出世界历史上最幸福的寡妇的名字吧。那就是乾隆帝的生母崇庆太后（钮钴禄氏、孝圣宪皇后，1692 年 ~ 1777 年）。

崇庆太后十三岁时，成为还是皇子的雍正帝的侧室，十九岁时生下了丈夫的第四个儿子（如果算上已经夭折的孩子的话，是第五个儿子）。这个四子就是之后的乾隆帝。她在丈夫生前只是贵妃，没能成为皇后。但是，她在四十四岁时因自己的儿子成为皇帝，从而获得了皇太后的尊称，与皇后级别相同。

在中国，有"无福得见乾隆盛世"这样的说法。中国历代王朝中最强的是清朝，而清朝的最盛时期是乾隆朝，后世的中国人常感叹未能出生在那个繁荣的时代。

乾隆帝是个孝子。他将国家的财政投入到让其母亲可以享受的一切奢侈中。崇庆太后六十岁、七十岁、八十岁的寿宴，都是当作国家大事来大行庆祝的。晚年的西太后所住的颐和园，是在原来乾隆帝为庆祝母亲六十大寿时所赠予的清漪园的基础上扩建而成的。此外，乾隆帝还陪着母亲进行豪华的旅行。江浙地区的三次南巡、盛京（即奉天，现在的辽宁沈阳）的三次东巡、五台山（在今山西省）的三次行幸、每年的热河避暑、历代诸帝的陵墓参拜等，崇庆太后作为当时的妇女，很难得地享受了旅行的快乐。她饱尝了四十多年这样的奢侈生活，一直活到八十六岁。

有一则逸闻显示了乾隆帝怎样想念母亲。古时候的中国有所谓"字辈"的习惯，即同一家族中同一代人，名字中有一个字是相同的。乾隆帝规定了此后数代子孙的字辈。竟然是"永绵奕载奉慈娱"的顺序，这句话是今后永远地，无论经过多少年都要让母亲享受快乐的意思。实际上，清朝的皇室到"载"字辈是按此起名字的。嘉庆帝的名字是永琰、道光帝是绵宁（但是，皇帝即位后，改名为汉语发音相近的"颙琰"和"旻宁"。过去的中国，臣子要避免使用皇帝名字中包含的汉字，以表敬意。这一习惯被称为"避讳"。乾隆帝生前，考虑到臣子们不能用"永"和"绵"字，因此命令将来皇帝即位后名字要采用不常见的"颙"或者"旻"字。后来，"奕"字辈之后的皇帝即位后没有改名，同时也免除了臣子避讳的义务。）咸丰帝这一代名字都有"奕"字。同治帝、光绪帝、溥仪父亲的名字里都有"载"字。但是，如果后面的"奉"字和"娱"字给子孙用的话，被认为是不恰当的。例如，男子的名字中都用女字旁的"娱"字的话，总觉得这样的文字不够庄重。因此，道光帝将"奉"以下的字辈改为"溥毓恒启（"广泛地培养人才，常进行启蒙"的意思）"。

有点走题，但是乾隆帝应该是希望后世子孙们能够永远传承对自己生母的想念。历代皇帝的名字来自"永绵奕载奉慈娱"，在当时是个常识。乾隆帝认识到，对自己的母亲尽孝，对子孙来说是特别重要的义务。恭亲王恳求皇兄将自己的母亲封后的皇贵太妃册封太后事件，以及同治帝修复圆明园欲赠予西太后并因此同群臣对立的事件（后述），这些事件的背后都有他们对崇庆太后记忆的影子。

西太后野心的本质

很多关于西太后的评传中，都说西太后怀有超乎寻常的权力欲。但是，实际情况稍有不同。西太后确实是有"野心"，但是其内容与男性掌权者具有完全不同的性质。

对于男人来说，权势就是将自己的意志传到国家的各个角落，按照自己的想法建设国家。但是，对于西太后来说，所谓的权势其实只不过是想成为"第二个崇庆太后"。她的梦想是，儿子同治帝能健康地长大成人，爱护身为生母的自己。对于她来说，所谓的权势就是在奢华的家具和日用器具的包围中生活，享受美食及旅行，每次生日都作为国母得到庆祝。也就是说，享受最高品质的生活就是西太后的野心。像男性掌权者们那样保有强力的军队、在战争中取得胜利，西太后对此一点儿兴趣也没有。

一言以蔽之，不管这种说法是褒是贬，西太后只是一个"女流之辈"的掌权者。笔者认为，西太后能够执掌长达半个世纪政权的秘密，就在于其女性的性格。经常用来与西太后进行比较的汉朝吕后和唐朝则天武后虽也是女性，但她们都抱有男性那样的野心。如果与这二位女杰的事迹进行比较的话，西太后权力欲的本质就更显而易见了。

清末的官僚们，相比于像肃顺那样的男性掌权者，更欢迎西太后这样的女性掌权者。这是缩短了清朝的寿命呢，还是延长了清朝的寿命呢？关于这一点，可从学者的研究中明白一二。至于笔者的见解，下面将逐步陈述。

在辛酉政变的主角中，幸存到最后的只有西太后。以下，通过恭亲王奕䜣、东太后、醇亲王奕𫍲、曾国藩等当时的人们和西太后的交锋，我们来探究其能幸存到最后的秘密。

西太后与恭亲王奕䜣

辛酉政变中最活跃的人是恭亲王奕䜣。政变以后，恭亲王被新皇帝封为议政王。当然，他实际上有自己的如意算盘。而且，他的一家还得到了"世袭罔替"的恩典。

在清朝的爵位制度中，按照惯例，亲王家的子、孙、曾孙每一代的爵位等级会越来越低。父亲那一代是亲王，儿子那一代就是郡王，孙子那一代就是贝勒。只有立下特别功绩的情况下，才称之为世袭罔替（不会更替的世袭），允许其子孙自动继承亲王的爵位。皇帝以建国期有战功以外的理由授予世袭罔替的特权（称为恩封），奕訢以前只有怡亲王家，即使通览清朝的历史，授予"恩封世袭罔替"的也只有四个亲王家。顺便说一下，怡亲王家的第一代，是康熙帝的第十三子胤祥（生前名字是允祥）。乾隆帝为表彰胤祥协助自己的父亲雍正帝继承皇位的功绩，授予了怡亲王世袭罔替的恩典。第六代的怡亲王载垣因辛酉政变被赐自尽后，怡亲王家由载垣的远亲继承，直至清朝灭亡。

恭亲王一定有"掌控天下的权力迟来了十年"的心情。皇兄咸丰帝虽然将皇太后的称号赠予了恭亲王的生母，但是在其死后却差别对待。恭亲王一成为议政王，便立刻更正了母亲葬礼的差别待遇，与皇兄的生母同等对待。

实行新政之初，恭亲王看起来很是荣耀。辅佐年幼的同治帝和东西两太后的恭亲王的地位，就像是辅佐年幼的顺治帝和孝庄太后的摄政王多尔衮一样。但是，顺治帝统治时还是朝气蓬勃的建国初期，而同治帝统治时已处于衰退期。此外，后人对孝庄太后的评价很高，视其为女杰，西太后却不同。而且，恭亲王的才能和声望原本就远远不及多尔衮，他现出外强中干的原形只是时间的问题。

恭亲王虽然不在乎，但是西太后的心中却郁积了不满。说起来，有能力的人在旁人看来本来就好像骄傲自大，况且恭亲王还是辛酉政变的功臣。西太后的眼中，他的大长脸开始看起来好像在炫耀其功绩，极端傲慢。而她是那种对于妨害自己的事情，一旦下定决心就要一步一步动手解决的人。

最初西太后还能忍受，因为如果没有擅长实际政务的恭亲王，垂帘听政就将陷入僵局。但是，随着时间的推移，西太后逐渐掌握了政务的要领。就这样，辛酉政变后的第二次政变发生了。

同治四年的政变

就像《史记》中记载的"狡兔死，走狗烹"那样，君主取得天下后肃清功臣的例子，在历史上不胜枚举。如果是男性政治家，通常伴随着血腥的暴力。但是，这次肃清大剧的主角是身为女性的西太后，因此变成了中国历史上不常见的具有特色的政变剧。

事情发生得很突然。已经进入新政轨道的同治四年（1865年）三月，日讲官蔡寿祺上奏弹劾恭亲王奕訢，列举其四大罪状。其内容是恭亲王傲慢、收受贿赂等，而根据只不过是些风闻。

蔡寿祺在官僚中是一个少有的"政治流氓"。辛酉政变前，有名为董元醇之人恳请东西两太后垂帘听政，就为自己赚取了分数。蔡寿祺是翰林院编修（从五品），并没有上奏的资格。但是，他兼职的日讲官，是给皇帝讲课的职位，有上奏的权利。他一眼就看透了西太后心中对恭亲王越来越不满，因此提出弹劾恭亲王的奏折，也为自己赚取了分数。

果不其然，西太后立刻上钩。她将理解自己想法的、蔡寿祺书写的弹劾文书给恭亲王看，促使其深刻反省。

恭亲王读了这个弹劾文，发现被弹劾的"罪状"自己并未做过。并且，上奏人是被称为"政治流氓"而恶名远扬的蔡寿祺。恭亲王一说"此人的弹劾不可信"，西太后就更加激动了。

恭亲王退下后，西太后与东太后立刻一起召集群臣。西太后边哭边说："恭亲王结党弄权，已经不能容忍了，必须严惩！"

群臣都非常吃惊，面面相觑。看到群臣的反应迟钝，西太后过于歇斯底里，边大声哭叫边说："众卿都忘了先帝的恩情了吗？不要害怕恭亲王！倘若今日视而不见，他日皇帝长大成人，尔等也不会相安无事的！"

群臣中的领袖周祖培，没有办法只得说："此事务必妥善处理，因此还望首先查清事实"。西太后这才勉勉强强地允许群臣退朝。

周祖培等人对恭亲王和蔡寿祺分别询问，进行调查。但是，原本那些罪名就毫无事实根据，因此当然不会发现证据。

在此期间，恼羞成怒的西太后使用了最后的武器。她自己代笔同治帝下发朱谕，以示群臣。其内容以"谕在廷王、大臣等同看，朕奉两宫太后懿旨发朱谕"为开始，斥责"恭亲王从议政以来，妄自尊大，诸多狂敖（傲），以（倚）仗爵高权重，目无君上，看（视）朕冲龄，诸多挟致（制）"，最后决定剥夺恭亲王的一切职务。西太后逼迫群臣立即按照皇帝的朱谕行事。

这一朱谕也流传到现在。若看到它，会发现在这份文字不多的朱谕上错字连篇，这实在令人感到吃惊。例如，应该写"似"的地方错误地写成了"嗣"，"事"写成了"是"，"暗"写成了"谙"，"即"写成了"及"，"政"写成了"正"等，好多地方都写错了。西太后作为当时的妇女能阅读书写公文，已经很罕见了，但是其写文章的能力也不过如此。

群臣对此不知所措。恭亲王的罪状明显是捏造出来的。但是，绝对不能无视以皇帝名义发布的朱谕。

结果，群臣为其求情，诉说缘由，恭亲王则跪拜在幼帝和两位皇太后面前，痛哭流涕，对其并没有犯下的罪行道歉。西太后见此感到满足，于是以同治帝的名义下了宽恕恭亲王的诏书，此次事件将不被计入政府的官方记录中，以示恩典。恭亲王除了失去议政王的职务外，恢复了以前的全部职务。

在西太后的眼泪中突然开始的事件，又在恭亲王的眼泪中结束了，这一事件历时三十九天，草草收场。

西太后为什么突然对恭亲王态度转恶，其真相是一个谜。一说是，某天垂帘听政时，恭亲王若无其事地喝了放在身旁茶碗里的茶，但那杯茶实际上是为皇帝准备的，因此西太后非常生气。此外，还有很多种说法。

也许并没有什么具体的理由。就像雪花轻轻飘落到屋顶然后堆积起来一样，西太后心中对恭亲王的不满也在不断累积。正好这时，蔡寿祺的奏折提供了恰到好处的借口，导致了此事的爆发，也许这就是真相。

西太后和恭亲王之间达成和解之后，蔡寿祺因以毫无根据的罪状弹劾了恭亲王造成政局混乱而被问责，官降两级。

取代流血的滑稽剧

不清楚西太后是怎么考虑的，但是同治四年的政变，从结果来看可见其演技出色。这件事之前，政治体制是以恭亲王作为事实上的摄政，在此基础上东西两太后同时垂帘听政的折中体制。但是，以同治四年的政变为契机，确立了事实上的西太后独裁体制。也就是说，真正意义上的垂帘听政，是以辛酉政变三年半之后的这次政变开始的。由此开始，西太后的专政持续了四十多年。

通过此次事件，可以说恭亲王元气大伤。他知道自己不是周公旦，也不是多尔衮，只不过是一个臣子罢了，无论怎么努力也永远成不了最高的掌权者。已经断了念头的恭亲王，此后将身为政治家的职责限于尽量保持平安无事，一腔热情投入到了兴趣爱好和艺术的世界里。恭亲王的官邸"恭王府"有考究、漂亮的庭院，现已成为北京非常受欢迎的一个观光景点。皇兄晚年对政治漠不关心的心情，也许他此时才开始有所理解。

群臣在心中苦笑"西太后终究还是女人"的同时，大概对未流一滴血地完成了权力的移交总算松了一口气。如果是男性掌权者的话，会怎么样呢？例如，如果是肃顺和恭亲王对决的话，大概会看到逮捕或者处罚等流血事件。但是，正因为西太后是女性，所以以眼泪和骂声的滑稽剧代替了流血事件的肃清大剧而收场。过去的中国，是个名副其实的男尊女卑的国家。儒教思想对于女子而言，是被强迫遵守幼时从父、既嫁从夫、老而从子的所谓的"三从"（《仪礼·丧服》）。这样国家的臣民，能接受身为女性的西太后作为统治者的一个原因，也许正是由于存在这样的意外之处。

此后，西太后在光绪十年（1884年）的中法战争开战前，再一次让恭亲王下台。到了此时，恭亲王对下台已经习惯了，并不慌张，且有心理准备。经过十年的空白期，直到光绪二十年（1894年）中日甲午战争时，恭亲王才恢复职务。

　　天才的政治家让实务派的政治家几度沉浮，以防止权力过度集中而调整其权力，这也是中国政治的习惯做法。并没有人教西太后这样做，但她似乎不自觉地就掌握了这样的操纵方法。她不愧是一代女杰。

西太后与东太后

　　辛酉政变的"四人组"之中，西太后唯一比不上的就是比她小两岁的东太后。咸丰帝在世时，东太后为皇后，西太后为贵妃。因其身份的差别是决定性的，即使二人同时成为皇太后，直到最后这一差别也未消除。

　　如果根据儒教的思想，皇后为正妻，嫔妃为侧室，两者间有天与地般权威上的差别。同治帝的嫡母始终是"母后"东太后，而不是"帝母"也就是生母西太后。同治帝即位后，"母后皇后"即东太后，因新皇即位即刻被封为皇太后。而"圣母皇后"即西太后则晚一日被封为皇太后。万事都是有规矩的。座席的位置、陵墓的规模等等，所有的一切东太后都有优先权。

　　同治帝赠予嫡母"慈安"、生母"慈禧"的徽号（后述）。慈安太后住在东宫，慈禧太后住在西宫，因此俗称东太后和西太后。在传统的阴阳五行思想中，与西相比，东为上。

麻将用语中"庄家"被称为"东家",也是由此而来。

大正天皇的嫡母是昭宪皇太后,而大正天皇的生母柳原爱子则没有成为皇太后,只是得到了正二位的位阶。与日本皇室典范相比较,清朝的祖制更为温和,因此作为生母的西太后也能顺利成为皇太后,但西太后必须甘于低于嫡母东太后一个级别。

并非无能的东太后

东太后性格文静,据说接见大臣时笨口拙舌,几乎什么也说不了。对于当时的妇女来说,这当然不是什么难为情的事情,问题只在于她不能读写用很难的书面语书写的公文。但是,她绝非无能,实际上她并不是一个简单的女性。

垂帘听政时,根据咸丰帝的遗训,东太后保有"拒否权"。对于大臣呈上的奏折她可以做出裁决,下达敕谕时,上方要盖有东太后持有的"御赏"的印章,下方要盖有同治帝持有的"同道堂"的印章,两方的印章合在一起才算有效。如果东太后拒绝盖章,奏折的议案就不能通过。

同治帝"同道堂"的印章,由西太后代替年幼的儿子盖下,但那始终是代行。西太后自己并没有从咸丰帝那里得到印章。因此,就连西太后也不能与东太后对立。

另外,"御赏"、"同道堂"两个印章,直到同治十二年

（1873 年）同治帝开始亲政才不再使用，此后在宫中保管，并流传至今。这两个印章与清朝的公用印章相比，个头小，雕刻的字体也不能称为上乘。其与当代中国的酒店商铺中作为礼品出售的印章差别不大。这两个印章，原本是咸丰帝用于书画落款的私印。国政上使用这样的私印史无前例。作为自己充满温情的遗物，咸丰帝特意选择了即使是妻子和幼子那样的小手也可舒服使用的小个头的私印。

从保有"御赏"印章这件事似乎也可以知道，东太后并不是西太后的傀儡。不仅如此，西太后有很多次都输给了东太后。例如，处死太监安德海就是如此。

处死安德海

同治八年（1869 年）七月，发生了深得西太后喜爱的太监安德海在出差的地方被逮捕并处死的事件。据说，在北京听闻此消息的西太后深受打击，茫然不知所措。

这是东太后和恭亲王奕䜣联手制造、以报西太后一箭之仇的事件。

西太后十八岁入宫，到七十四岁去世时，其间五十六年几乎都是在内廷中度过的。她的日常生活大多由太监和宫女服侍。历任太监中，安德海、李莲英（正确的写法应该是李连英）、小德张三人，先后在不同的年代服侍西太后，深得其喜爱。

　　安德海像大部分太监一样，出身于社会最底层。他缺乏教养，却头脑灵活，能与西太后闲聊并不让其厌烦。太监及婢女有其独有的情报网络，安德海就利用它，收集皇家或者有力政治家的秘事或者小道消息，然后偷偷地向西太后告密。不妙的是，这些小道消息很多都是真实的。

　　在清朝，自从顺治帝在交泰殿设立"太监干预政治即处以极刑"的铁牌以来，还没有太监干预政治的例子。而且本来即使与明朝相比，清朝的政治机构也是高度完善，不学无术的太监是没有机会从旁干预政治的。

　　安德海也没有干预政治。他为了取悦西太后，拼命地收集幕后情报说给西太后听，在某种意义上就是工作热心了一点。问题是，西太后是女性掌权者。同治四年，她盲目相信了日讲官蔡寿祺的诽谤，歇斯底里地斥责恭亲王，对这一事件人们记忆犹新。清朝的达官显贵们受不了自己的形象在西太后心中变坏，因此向西太后的聊天对象安德海行贿以讨好他。社会上的有识之士对这样的状况感到苦恼。

　　某天，西太后像往常一样正在忘我地同安德海闲聊。恭亲王因为政务求见西太后，西太后说"以后再说吧"。骄傲自大的恭亲王非常生气，发誓以后一定要向安德海复仇。

　　复仇的良机终于来了。同治帝年满十四，一年之后要结婚迎娶皇后。西太后为了采购皇帝大婚的衣服等物，决定派安德海去南方。当时，宫中的高级衣服都是在江苏或者广东等南方地区制作的。

　　按照清朝的祖制，如果太监擅自离开北京，将被处以死刑。但是，在西太后看来，这次的派遣也同儿子同治帝说过，应该没有问题。另外，安德海也是狂妄自大，其实出发前请求西太后写好敕许状就可以了，但是他没有履行这些手续，就乘坐豪华船只，宛如王侯贵族般带领随从向南方出发了。这就是小人得志的悲哀。

　　恭亲王没有放过这个机会。同治帝也憎恶给生母灌输各种各样消息的安德海。二人与东太后商量，东太后也同意对安德海处以死刑。同治帝和东太后下密旨给山东巡抚丁宝桢，要求逮捕安德海一行并进行处分。

　　虽说清末的官僚似乎都很腐败，但刚正不阿的硬汉也不少。丁宝桢就是其中之一。有这样的逸闻趣事：身为将军和亲王的僧格林沁（因镇压太平天国之乱有功，从郡王晋升为亲王）因与地方官会见时，不请入座之事而闻名。有一次，僧格林沁想要会见丁宝桢。丁宝桢事先提出，"如果让坐下的话就拜见，让站着的话就谢绝"，周围的人都对此很吃惊。据说，僧格林沁很佩服丁宝桢的骨气，特意请其入座，以礼相待，进行会见。

　　于是，一无所知的安德海乘坐豪华船只顺运河而下，逍遥自在地就来到了山东。丁宝桢逮捕了其一行人。安德海主张无

罪，说自己是奉西太后的命令南巡的。但是，丁宝桢依法将其
处以死刑，并将其尸体弃于路边暴晒三日。

世人听闻安德海被处死的消息，都大喊快哉，说清朝正义
犹存。曾国藩说，"我患眼疾已有数月，但闻知此消息，眼前
一下子就变亮了。稚璜（丁宝桢的字）真不愧是豪杰！"在邸
钞（当时的官报）上读到这一新闻的李鸿章也很兴奋，说
"稚璜可出名了！"让幕僚也看了此报道。

西太后丢尽了脸面。但是，因为处死安德海是依照祖制，
所以也不能有所怨言。毕竟，在东太后和恭亲王意见一致的情
况下，西太后也无可奈何。

西太后在同治帝甄选皇后时又输给了东太后，后面将详细
描述。

围绕陵墓的竞争

女人之间的战争容易变得很隐秘微妙。西太后表面上终生
尊敬东太后，自己甘心居于第二的位置。可是，她的内心明显
地对此怀有不满。

例如，在陵墓的建造上，对于东太后，西太后也表现出了
不正常的情感。不是俗话说"人死万事空吗？"但是就像咸丰
帝都在恭亲王生母的葬礼仪式上耍花招那样，在旧中国的价值
观中，墓地对于本人以及子孙来说是地位的象征。

　　同治五年（1866 年）西太后命令周祖培建造自己和东太后的墓地时，不过三十二岁。大臣们花费了很多的时间和费用对风水等情况进行事前调查后，然后才开始建造陵墓。这项工程花费的时间达十年以上。光绪五年（1879 年）六月二十日，东西两太后的陵墓同日竣工，面积为二千二百六十五平方米，规格相同。但是，建造费用上，东太后的陵墓花费白银二百六十六万五千两，西太后的陵墓花费白银二百二十七万两，东太后陵墓高出了百分之十七点四。东太后地位更高一事，在陵墓的建造费用上也能显示出来。

　　两人陵墓的建造位置也反映出了地位的差别。东太后的陵墓在西侧，西太后的陵墓在东侧。在中国的礼法上，东为大，地位更高。因此，如果只从陵墓的位置来看，好像西太后看起来地位更高。实际上，在野史中，有民间的说法称，西太后欺骗了东太后，说给其选择的是风水更好的地方。然而事实是，因为东太后是咸丰帝的正妻，所以其陵墓应该建造在靠近咸丰帝定陵更近的西侧的地方。而西太后是侧室，所以其陵墓应该离得更远一点，在东侧建造。这就表示西太后的级别低于东太后。

东太后被毒杀之说

　　生前建造的陵墓称之为"寿陵"，据说预示着能够长寿。

虽说如此，但这大概只是迷信。

陵墓建造完的第二年光绪六年（1880年），四十六岁的西太后不知因何而染上重病，非常苦恼。宫中的太医们用尽浑身解数，但她的病情经过数月也未见好转，反而日趋恶化。按照当时人们的平均寿命来说，这时已经到了即使死去亦不可惜的年龄了。

六月七日，以光绪帝的名义发布了寻求天下名医的谕旨。应此诏谕，一位住在江苏名叫薛宝田的六十六岁名医，不辞远道而至北京，于八月六日在长春宫给西太后诊治。关于诊脉的结果，他诊断为"郁怒伤肝，思虑伤脾"等，并下处方开药。按照现在的医学来讲，西太后患有严重的更年期综合征，还有因精神原因引起的身体不适。经过薛宝田的治疗，数日后西太后戏剧性地康复了，九月十七日得以彻底痊愈。的确是"医生选得好，才能活到老"。

此外，有传言将西太后的得病与康复说成是不知道孩子父亲是谁的妊娠与流产。但是，从薛宝田的诊断记录来看，此说法不成立。

第二年，光绪七年（1881年）正月，西太后又生病了。这次没有上一次严重，但也必须休息，不能处理公务。

西太后一休息，东太后就变得忙碌，疲劳蓄积。这或许成了诱因。三月十日早晨，因前一天感冒而身体不适的东太后摔倒后不省人事。就这样，东太后于戌刻（晚上七点到九点）

去世，享年四十五岁。

据说，因东太后死得很突然，所以大多数听闻皇太后驾崩消息的大臣，误以为一定是发病的西太后突然去世了。关于东太后的死因有各种各样的传闻，有的说是因为喝了治疗感冒的药物导致过敏而死亡，也有的说实际上是自杀等。

关于东太后的去世，有的传闻在社会上流传很广。

传说西太后重病康复之后，东太后去西太后那里探访，以示祝贺，并亲密交谈。东太后和西太后之间的关系有些生硬。东太后支开他人，只剩两人时对西太后说，"你我二人不和，乃是有违先帝（咸丰帝）遗志"，并从自己带去的手提箱中拿出了咸丰帝的遗诏，让西太后看。其内容是，咸丰帝去世后，如果西太后专横跋扈，群臣应该保护东太后，铲除西太后。西太后第一次读到这个遗诏，进行了反省，对自己之前的逾礼进行了道歉。东太后微笑着说"那如今便不需要这个遗诏了"，当场将其烧掉。

数日之后，西太后随身的太监，向东太后进献饼。东太后吃完饼之后很快感到恶心不适，就这样在并不怎么痛苦的情况下去世了。

上面毒杀东太后的说法，不成立的理由如下。

首先，杀害东太后的动机不明。说起来，咸丰帝留有秘密遗诏的可能性几乎没有。如果东太后想要铲除西太后的话，不用拿出先帝的遗诏，只以东太后的权威就可以做到（安德海被处死就是一个证明）。咸丰帝生前没有必要特意写下秘密遗诏。不可思议的是，谁看到并透露了已经烧掉的秘密遗诏的内容？其内容应该只有东太后和西太后两个人知道。照这样看，上述的毒杀说，成为西太后自身吹嘘宣扬的传闻。当然，应该没有这么荒唐的事情。

另外，东太后死时的样子，《清朝野史大观》等中写道，"顿觉不适，然亦无大苦"。实际上，对东太后去世时的状况描写得非常生动。

被认为有史料价值的，是翁同龢的日记，其记载了东太后早晨摔倒后到死亡期间的太医们所写的诊断记录。看了它才知道，东太后早晨好像突发了重度癫痫而摔倒，之后整个上午都牙关紧闭意识模糊，到了未刻（下午一点到三点）时分大小便失禁，有痰堵塞气管，酉刻（下午五点到七点）时分，到了"六脉将脱"（心跳微弱，临近停止状态）的状态，戌刻确认去世。当天深夜凄凉的月光、群臣们陆续赶到紫禁城的络绎不绝的场景，以及第二天拜诀（最后的道别）仪式的情况，翁同龢的日记中均有描述。

翁同龢的日记中，并没有透露出任何毒杀的说法。

当代的历史学家认为，东太后的死因是重度的脑血管疾病（脑溢血或者脑梗死）。实际上，东太后有癫痫的发病史，同治二年（1863 年）和同治八年（1869 年）都曾发作过，但当时都得救了。

东太后去世时是四十五岁，如果从当时妇女的平均寿命来看，并没有什么异常。实际上，如果查看咸丰帝十八名后妃的死亡时间，道光年间一人（孝德皇后）、咸丰年间三人、同治年间四人、光绪年间九人（包括东太后和西太后）、宣统年间只剩一人。比东太后去世早的后妃很多。当然，她们都是自然死亡。

咸丰帝的所有后妃中，比西太后活得更长的，只有端恪皇贵妃一人。但是，她去世时比西太后年龄小，享年六十七岁，而西太后享年七十四岁。即使是西太后，如果没有遇到名医薛宝田，也很有可能在四十六岁时就去世了。从这个意义上说，她是得到了命运的眷顾。

西太后的徽号

西太后按照符合东太后地位的规格为其举行了葬礼。根据当时的宫廷记录，葬礼按照规定的程序花费时间隆重举办。当然，群臣也全部参加。这并不像一些传言所说的那样，如西太后为了毁灭毒杀的证据将东太后火葬，或是仓促地密葬而了事。从事实来看，毒杀说首先是不成立的。

与毫无根据的毒杀说相比，笔者更愿意注重史实。东太后去世后，西太后的对抗之心也未死。这便是历史事实。

东太后去世后的第十三年光绪二十年（1894年），迎来自己六十大寿的西太后，命令增筑自己的陵墓。此后，花费了十四年的时间和大量费用，直到西太后去世后才完成了这一工程。她虽然在陵墓的位置上输给了东太后，但是在豪华程度上却胜过了东太后。

即使在"徽号"上，西太后也与东太后竞争。

过去的皇室，为了显示权威，有尊号、徽号、谥号等各种尊称。例如，皇后、皇太后、太皇太后是尊号，在尊号前面加上作为个人称呼的一些美辞丽句是徽号。此外，死后还要被赐予谥号。徽号也好，谥号也好，与结婚喜宴上的大型花式蛋糕一样，被认为文字排列得越多就越豪华。

西太后在咸丰帝死后，从儿子同治帝那里得到了皇太后的尊号和"慈禧"的徽号，因此也被称为慈禧太后。慈，是"父母疼爱孩子之心"的意思；禧，是"喜庆、吉祥"的意思。

徽号有每逢国家举行庆祝活动时就追加两个字的习惯。同治帝大婚的同治十一年（1873年），西太后的徽号追加了"端佑"二字，变成了慈禧端佑太后。第二年同治十二年，成人后的同治帝开始亲政，徽号又追加了两个字，变成了慈禧端佑康颐太后。紧接着，同治十三年，同治帝发布圣旨，称为了表达对东西两太后的感谢之情，为其徽号再追加两个字，但因二十天后同治帝去世而没有实现。

西太后的外甥光绪帝一即位，则为了纪念，为西太后所上微号为"昭豫庄诚"四字，变成了慈禧端佑康颐昭豫庄诚太后。之后，在光绪帝大婚、开始亲政、西太后六十大寿时，分别追加了"寿恭"、"钦献"、"崇熙"，由此她正式的名称变成"慈禧端佑康颐昭豫庄诚寿恭钦献崇熙皇太后"。公文中书写她的正式名称时，如果写错一个字就犯了大不敬的罪过。因此，大概当时的书记官每次书写她的名字时都很紧张吧。

　　恭上徽号之仪所需开销也非常大。每次，都是花费数日举行层层繁文缛礼和夸张的仪式。皇帝以下的文武百官和皇后以下的妃子们，必须穿着正装恭恭敬敬地行跪礼。

　　光绪三十四年（1908 年），光绪帝去世后第二天，西太后也去世了。继位的溥仪（宣统帝）按照祖制，要赐予去世的西太后谥号。当然，这件事实际上不是年幼的溥仪而是辅佐的大人们所为。最后，她的谥号定为"孝钦慈禧端佑康颐昭豫庄诚寿恭钦献崇熙配天兴圣显皇后"，共二十五个字。清朝历代皇后的谥号，也就十九个字左右，西太后的谥号是最长的。因为逐字写下这二十五个字的谥号非常烦琐，史书上记载她的名称时，都使用"孝钦"、"孝钦皇后"、"孝钦显皇后"等略称。

　　顺便说一下，比西太后早去世二十七年的东太后的谥号是"孝贞慈安裕庆和敬诚靖仪天祚圣显皇后"，共十七个字。从长度上的八字之差，可以感觉到西太后的深深执念。

西太后与醇亲王奕谖

辛酉政变的"四人组"中，存在感最弱的，但在某种意义上一生最成功的是醇亲王奕谖。他是咸丰帝的弟弟，同时也是西太后妹妹的丈夫，对西太后来说是具有双重意义的义弟①。

西太后故意让亲信下台，以试探其忠诚之心一类的调整权势之事常有，但她一次也没有让醇亲王下过台。并且，西太后还指名奕谖的儿子载湉为光绪帝，孙子溥仪为宣统帝。虽然奕谖自己没有成为皇帝，但是成为皇帝的父亲和皇帝的祖父。

奕谖成功的秘诀，在于其以明哲保身为宗旨的人生哲学。他的孙子溥杰（溥仪的弟弟），在1962年写的《回忆醇亲王府的生活》一文中，写到了他出生前已经去世的祖父和嫡祖母（西太后的妹妹）的事情。

在溥杰的孩提时代，父亲书房中有一个称之为"欹器"的造型奇特的铜器。它是模仿三千年前周代的铜器做成的，上面浇铸有第一代醇亲王奕谖留下的家训。据说，溥杰的祖母（亲祖母刘佳氏，不是西太后的妹妹）这样对溥杰说："这个

---

① 在日语中，小叔子和妹夫都被称为"义弟"。

器皿是你祖父找人制作的。如果只加入一半水，这个器皿就会保持平衡而不倒，但如果加满水，就会倾倒而将水全部洒出来。"

祖母加入水当场演示给他看。还是孩子的溥杰，只是感觉有趣，但这当然不是玩具。这是为了向子孙传达记载人生哲学的书籍《菜根谭》中写有的谚语——"欹器以满覆"，是祖父特意找人制作的。

在清末的政界，有肃顺以及恭亲王奕訢这样的野心家，也有丁宝桢这样的铮铮铁汉。但是，主流却是曾国藩和醇亲王奕譞这样类型的人。他们为了避免卷入权力斗争的漩涡，常常战战兢兢，处处小心谨慎。结果，这样的态度助长了西太后的统治。

不容拒绝的发迹

咸丰帝还在世时，懿贵妃即西太后就请求皇帝，使自己的妹妹成为醇亲王奕譞的福晋（正室）。此后，西太后又将内务府的秀女（宫中劳作的宫女，与作为嫔妃的秀女有区别）送给奕譞当侧室。给妹夫选配侧室之事，在收买人心的同时，也许也包含着她对作为正室受到宠爱的妹妹的嫉妒之心。

因为辛酉政变，奕譞以年仅二十二岁的年纪进入了国政的核心。但是，他对于权力并未表示出野心。与此相反，西太后对于权力却很感兴趣。

同治十三年（1874年）十二月，同治帝没有留下子嗣就因病去世了。西太后力排众议，立妹妹和奕譞所生的四岁男孩儿为光绪帝。成为皇帝亲生父亲的奕譞，得到了世袭罔替的恩典（是继恭亲王奕䜣之后第三个被恩封世袭罔替的）。他再三谢绝此恩典，但西太后根本不容他拒绝。

光绪十年（1884年），中法战争爆发之前，西太后更换了军机处的所有大臣，使政府中枢整体变更。这次政变被称为甲申易枢（后述）。咸丰末年以来，担任了二十四年军机大臣的恭亲王被罢免。西太后启用醇亲王奕譞作为恭亲王的继任者。奕譞边流泪边坚决拒绝，但是西太后仍然不允许。

光绪十二年（1886年），西太后赐予自己的妹妹和奕譞可以乘坐杏黄色轿子（为表示皇帝特别恩典的橙色轿子）的特权。妹妹夫妇照例还是坚决拒绝此份荣誉，但未被允许。他们还是一次也未敢乘坐杏黄色轿子。这样的态度让西太后很高兴。

醇亲王奕譞在政府的中枢中还是被起用了，尽管这并不是他的本意。他与西太后的心腹荣禄（后述）吟诗作对，推杯换盏，保持了良好关系的同时，与哥哥恭亲王以及光绪帝的心腹翁同龢也构建了良好的关系，让自己成为政界的缓冲地带。正因为如此，他才一次也没有下台，直至光绪十六年（1890年）五十一岁时病逝。

对醇亲王家的欺凌

西太后的妹妹，在丈夫去世六年后的光绪二十二年（1896年）也病逝了，已经六十二岁的西太后，前往醇亲王家吊唁。

溥杰还是孩子的时候，他的祖母刘佳氏曾拿出镶嵌大珍珠的金簪对他说："光绪二十二年五月八日，你的太太（西太后的妹妹。太太在汉语中是妻子、夫人的意思，但是在身为满人的溥杰的家中，指的是嫡祖母）去世之后，慈禧太后前来吊唁。自己的妹妹去世了，而你的父亲又继承了王爵，慈禧太后又嫉妒又生气，这个那个地挑毛病。我们大家都胆战心惊。太后厉声申斥，命人将屋中很贵重的珠宝簪环等都放到太太的棺材中，不想给我们留下什么好东西。这个珠簪，是当时未被太后发现留下的唯一物品。将来，如果你长大成人结婚了，这个簪子就送给你的新娘吧，好作为亲王家的传家宝。"（前述《回忆醇亲王府的生活》）。

西太后在自己的妹妹死后，因为与光绪帝的关系恶化，所以似乎非常憎恨醇亲王一家。当时有人说，"从醇亲王家选择皇帝（光绪帝）的理由，是因为在宅邸内醇亲王奕𫍣的墓上长有两株白果树。"其歪理在于"王"的上面有"白"，就成了"皇"字。西太后很生气，命人将这两株白果树锯掉。本来从醇亲王家选择光绪帝就不是因为树木的原因，而是西太后自己的决断。

顺便提一下，溥杰的祖母刘佳氏，因为西太后，遭受了三次重大打击。

第一次是在光绪二十三年（1897 年）西太后命令刘佳氏十岁的儿子（溥仪和溥杰的叔父）到贝勒（比亲王低两级的爵位）家做养子的时候。这个孩子从那之后又按西太后的命令改到另一个郡王家（比亲王低一级的爵位）做养子。最初的养父母得了神经官能症，相继去世。对此，刘佳氏也很心神不安。

第二次是光绪二十七年（1901 年）西太后强迫刘佳氏的儿子载沣和自己心腹荣禄的女儿（瓜尔佳氏，后来生了溥仪和溥杰）结婚的时候。刘佳氏已经给载沣许配了姻缘，但是西太后强硬地让其取消了婚约。刘佳氏既因西太后毫无理由的赐婚，又因西太后的蛮不讲理而很生气，所以心力交瘁而病倒。

第三次是光绪三十四年（1908 年）西太后指名三岁的溥仪为继任皇帝的时候。因为刘佳氏很清楚西太后对光绪帝的低劣做法，所以对于指定自己可爱的孙子为继任皇帝一事，深受打击，最终出现了暂时的精神错乱。

与西太后为敌是非常恐怖的。但即使是对合作伙伴和亲戚来说，她也是让人害怕的对象。

西太后与曾国藩

当代中国的历史教育中，近代史的人物被严格区分为好人和坏人。当然，对好人和坏人进行画线的是中国共产党。

例如，西太后是特 A 级的坏人，光绪二十年（1894 年）的中日甲午战争中，清朝之所以败于日本，是因为她把海军的经费用来扩建颐和园。人们是这样被教育的。对于历史应有各种不同的见解，或者不被之前的历史观所束缚，经过自己的考虑对近代史做出再评价等，这样的观念在中国的历史教育中完全没有。

以简单明快见长的当代中国历史观下，曾国藩是个难以正确评价的人物。中华民国对曾国藩的评价是最差的。他是为了清朝而镇压太平天国之乱的汉奸，是西太后的走狗。或者评价说，如果太平天国之乱时曾国藩推翻北京的朝廷，就不用等到五十年后的辛亥革命，中国革命早早就成功了，等等。曾国藩受到了如同甲级战犯般的批判。

到了中华人民共和国，曾国藩在中国近代化过程中所起的作用开始被认识，对其评价稍微转好。进入到 21 世纪后，曾国藩在部下管理方法等为人处世治家方面的成功受到关注，中国的出版界掀起了不小的曾国藩热。但是，即使现在，对他的全面评价也尚未出现。

关于如何评价曾国藩的问题暂且不提，在他活跃的前后，清朝的形势出现了急剧的变化则是不争的事实。从历代王朝的平均寿命来看，本来即使清朝在咸丰末年灭亡也并非不可思议。但是，上有西太后，下有汉人的保守派主流，他们互相合作，支撑起将要灭亡的清朝，使其寿命延长了五十年，一直延续到 20 世纪初。

汉人保守派主流的谱系从曾国藩开始，后被李鸿章、袁世凯继承。作为文官大臣的头目，他们以在自己的地盘上所组织的半私人军队性质的"军阀"为后盾，在中央政界隐然有发言权。像这样近代中国特有的政治版图的创始者是曾国藩，支持他的是西太后。

洋务运动

从太平天国之乱和第二次鸦片战争的结果看，可以判定八旗和绿营（清朝从明朝继承的汉人的军队）等昔日的军队完全起不到作用。取而代之并被证明了实力的，是曾国藩的湘勇、李鸿章的淮勇等汉人官僚在地方组织的义勇军。

最初，对汉人官员的能力给予很高评价的是肃顺。通过政变打倒肃顺的西太后继承了重用汉人官僚的政策。她支援曾国藩和李鸿章的义勇军、外国人组成的雇佣军队"常胜军"（名不符实，屡次输给太平天国的军队），于同治三年（1864 年）

成功地镇压了太平天国之乱。她为父亲报了仇。

在中国，从咸丰十年（1860年）的第二次鸦片战争到光绪二十年（1894年）中日甲午战争的三十四年间，开展了被称为"洋务运动"的近代化运动。此运动的中心是曾国藩、李鸿章、左宗棠等在镇压太平天国中非常活跃的汉人大臣和官僚。他们从西洋引进最新的武器和技术，建立工厂，图谋将自己的军阀近代化（当时清朝没有国民军）。

满洲系的保守派反对引进西洋技术和增大汉人官僚的发言权，但是西太后支持洋务运动，袒护李鸿章等人。因此，洋务运动才能顺利地进行到一八八〇年代初，获得了相当大的成功。

与其他的亚洲大国，例如奥斯曼帝国相比，清朝洋务运动的成功非常显著。清朝的兵器制造工厂，不管是技术人员还是机器，都是从西洋原封不动地引进的。与同时代的日本不同，没有拘泥于技术的国产化。因此，在李鸿章等人的工厂生产的枪炮的性能，与西洋列强最先进的武器相比较，大约只落后十几年的程度。实际上，到一八八〇年代清军已经相当强大了，在中法战争的地面战中就打败了法国军队。

如"同治中兴"的字面意义一样，一八六〇年代清朝国力暂时好转，至一八八〇年代初洋务运动也进展顺利。这些多亏了西太后。但是，洋务运动从此之后就半途而废了。那也是因为西太后的原因。最初支持洋务运动的西太后之后转变为妨碍者，其理由是她对经营国家没有明确的构想。

与曾国藩的会面

曾国藩因镇压太平天国之乱立有大功，荣升至直隶总督（直隶省的长官，正二品）。

所谓直隶省，意思是指"距离北京朝廷最近的隶属省（行政单位）"，相当于现在的河北省和内蒙古的一部分。总督是"综合性地总管政务、军务的监督官"，在清朝是省一级长官的官职名称。顺便说一下，明治时代的日本，引入了这一名称，作为"朝鲜总督"、"台湾总督"这样的殖民地长官的官职名称使用。

在北京附近让汉人军阀的头目就任总督的职位，是相当大胆的人事决定。在这一点上，西太后非常果断。咸丰帝也曾经因肃顺的建议而使用曾国藩，但只不过是让其去远离北京的南方镇压叛乱军。

直隶总督曾国藩，时隔十七年再次到北京赴任，谒见西太后。那时曾国藩五十八岁，西太后三十四岁。关于这次谒见时的情景，曾国藩在同治七年（1868年）十二月十四日的日记中有如下记述。虽然很长，这里也将其列出。

　　巳正叫起，奕公山带领余入养心殿之东间。皇上向西坐，皇太后在后黄幔之内，慈安太后在南，慈禧太后在北。余入门，跪奏称臣曾某恭请圣安，旋免冠叩头，奏称臣曾某叩谢天恩。毕，起行数步，跪于垫上。太后问："汝在江南事都办完了？"对："办完了。"问："勇都撤完了？"对："都撤完了。"问："遣撤几多勇？"对："撤的二万人，留的尚有三万。"问："何处人多？"对："安徽人多。湖南人也有些，不过数千。安徽人极多。"问："撤得安静？"对："安静。"问："你一路来可安静？"对："路上很安静。先恐有游勇滋事，却倒平安无事。"问："你出京多少年？"对："臣出京十七年了。"问："你带兵多少年？"对："从前总是带兵，这两年蒙皇上恩典，在江南做官。"问："你从前在礼部？"对："臣前在礼部当差。"问："在部几年？"对："四年。道光廿九年到礼部侍郎任，咸丰二年出京。"问："曾国荃是你胞弟？"对："是臣胞弟。"问："你兄弟几个？"对："臣兄弟五个。有两个在军营死的，曾蒙皇上非常天恩。"碰头。问："你从前在京，直隶的事自然知道。"对："直隶的事，臣也晓得些。"问："直隶甚是空虚，你须好好练兵。"对："臣的才力怕办不好。"旋叩头退出。[①]

---

① 引文据《曾国藩全集·日记》第 1383～1584 页（岳麓书社，1994）回译。

曾国藩的日记中，只写了对话的人是"太后"，因为东太后基本上不在大臣面前开口说话，所以可以认为发言的人是西太后。

这是中国近代史上巨人之间的历史性会面。关于清朝的未来，想必他们展开了白热化的对话，但是这样的期望落空了。

曾国藩原本就是个小心谨慎的人，即使此次会见也害怕祸从口出，对垂询只做了最低限度的回答。如果他想借这个难得的机会阐述自己关于国家经营的构想，应该是可以的。例如，西太后询问"你一路来可安静？"的时候，他可以回答路途中所见的民生情况，将话题转到富国强兵的政策上来。如果还是咸丰初年向皇帝递交激烈奏折的他，或许会这样做吧。但是，此时的他已经完全变得像"欹器"那样明哲保身了。

如果单看西太后的询问，会给人一个"不愧是个女杰"的印象。但是，也不能否定她的询问还是让人感觉有所欠缺。她最感兴趣的问题是，战后失业的士兵们是否会引起骚乱，变成新的叛乱的火种。

或许曾国藩只是不敢记录在日记中，其实两人可能已就国家的经营方针进行了秘密的讨论。曾国藩的日记中所描述的这次会见是如此低调，以至于想要做出上述推测。

不管怎么说，年轻的西太后压制了国内守旧派以及抵抗势力的反对，支持了曾国藩等人开展洋务运动。无论是曾国藩还是李鸿章，都不是在首都北京的周边，而是各自在属于自己地盘的南方地区建立军工厂，推行殖产兴业，谋求自己所管辖军队的近代化。中国的军阀在西太后的庇护下出现了。

但是，西太后并没有理解洋务运动的本质意义。她偏袒洋务派官僚的目的在于，想培养能够对抗宗室派政治家（像已故的肃顺和恭亲王那样的人）的势力。因此，如果洋务派的实力变得强大，下次他们就摆脱不了被西太后抑制的命运。

明治时代的日本，也存在旧幕府、旧萨摩、旧长州等藩阀性质的军阀。其性质与清朝的军阀有一点儿相通的地方。但是，明治政府通过中日甲午战争、日俄战争两场战争，成功地创立了国家军队，形成了国民国家。从大正到昭和，日本也有军阀，但是其性质已经与明治时代的藩阀截然不同。

明治时代的日本在逐渐克服藩阀之际，中国却与其相反，培育出了与中央集权完全互不相容的地方军阀。像这种中国式的军阀，在中华民国时期进一步发展。他们变成了内战的火种，还是在中日战争中造成中国陷入苦战的根本原因。这些所有的责任都让西太后承担，大概有点残酷。但是，她与中国式军阀的产生有很深的关系却是不争的事实。

亡国的预感

政治充满了悖论。受欢迎的政治家不一定能够长期维持政权，相反，被人憎恨的政治家意外地维持政权的情况也是有的。

第二次世界大战中，首相东条英机很受昭和天皇的器重，但是不受下面的人的爱戴。在政界，"东条英机下台"呼声高涨时，反对东条的近卫文磨对东久迩宫说过如下的话：

> 我自己觉得让东条继续担任就行。如果换人后还能万事顺利，当然也可以换人。但是，万一换人了还被说成不好，好不容易东条才和希特勒一起成为被世界所憎恨的人，因此我想还是让他承担全部责任为好。（细川护贞《细川日记》昭和十九年（1944年）四月十二日条）。

结果，东条内阁一直延续到同年七月的塞班岛失陷。

预感亡国的政治家和高级官僚们的默契，相反却带来了政权的长期稳定。暂且称之为"东条效果"吧。清末的西太后能够维持长达半个世纪的政权，笔者认为其主要原因也在于这个东条效果。

说起来，在中国本来就有这样的经验法则：一个王朝的平均寿命是二百数十载。建国之初，人口稀少，农民人均耕地面积很大，但随着太平盛世，人口增加，人均可用耕地面积锐减。如果人均耕地面积少于四亩（约2400平方米），那么民众最低限的粮食自给都不能保证。民众困苦，国力低下，由于内乱和外国的侵略，社会陷入混乱。因饥饿和战争，人口减少，王朝走投无路而灭亡。然后，下一个新的王朝开始。如此循环往复，大约有十代，二百数十载。

镇压太平天国之乱的曾国藩，深知自己生于"末世"。他留下了名言："盛世创业重统之英雄，以襟怀豁达为第一义。末世扶危救难之英雄，以心力劳苦为第一义。"其意思是：王朝盛世创业期的英雄，自由豪爽为好，拯救王朝于危机的英雄，必须小心谨慎。

有一个很有名的逸闻，是曾国藩在拜见西太后大约一年半之前的同治六年（1867 年）七月的事情。曾国藩询问幕僚赵烈文今后的前景，赵说"天下统一若是长期持续，治安必然松懈。现如今的情况是，皇帝还很有威严，王朝应该不会瓦解。但是恐怕在五十年以内，社会的基础会动摇，国家可能会分裂。"此预言恰好应验，宣统三年（1911 年）辛亥革命爆发。

赵烈文并非一个预言家，从王朝的寿命为二百数十载这一经验法则来看，当时任何人都抱有将要亡国的预感。在那个时代，如果自己站在王朝的顶端就必须与王朝的灭亡共命运。为了能够幸存到王朝灭亡后的下一个朝代，当然不会把自己放到顶端，努力积攒力量才是贤明之举。清末的政界也笼罩着这样的气氛。

曾国藩并没有自己当皇帝成为新王朝创始人的野心。因此，他创建的军阀被李鸿章、袁世凯所继承，并残存到中华民国之后。

　　在理解这些之后，再回头去读曾国藩日记中所描写的与西太后的会见记录，就可能会发现与之前不同的理解。力图将实力保存到清朝灭亡后的曾国藩，在西太后面前始终扮演着谨慎臣下的角色。西太后在看穿了他那样的心理后，利用他的实力，谋求延长清朝的寿命。两人的会见乍一看很低调，但其背后充满了正在走向灭亡的国家的统治者与避免卷入其间的大臣之间的紧张感。这样理解也是可以的。

5

西太后和两位皇帝

同治帝的亲政

同治帝自幼就讨厌学习，喜欢轻松自在地玩耍。在其十七岁时的同治十一年（1872 年）九月十五日，举行了大婚典礼。第二年的同治十二年正月二十六日，已经十八岁的他在紫禁城举行了亲政大典。从此，东西两太后"撤帘"，即停止垂帘听政。同治帝开始亲自批阅奏折，执掌政务。

西太后被误解为一生都不肯放手自己掌握的实权，实际并非如此。随着儿子同治帝长大成人，她将政权奉还。她的梦想是要成为崇庆太后那样的人，而不是要成为则天武后那样的人。

一般，刚刚即位的君主都想试一试自己是否真正地掌握了实权。英国的维多利亚女王在还是公主时，被禁止从家庭教师那里得到红茶和《泰晤士报》。据说，在她十八岁即位仪式结束后发出的第一条敕令就是，"请给我红茶和当天的《泰晤士报》"。贴身侍卫一拿来这两样东西，女王立刻就露出了微笑，但既不喝茶也不读报纸，而是让他们原封不动地又拿下去了。

在十八岁开始亲政的同治帝也憋不住想试一试自己是否真正地掌握了权力。他着眼的是圆明园的修缮工事。圆明园在第二次鸦片战争时被破坏后一直没有修缮，其废墟也是清朝耻辱的象征。但是，修缮工程花费巨大。五年前的同治七年（1868年），西太后命令修缮圆明园时曾遭到群臣的强烈反对，就连她也不得不放弃这个念头。

刚开始亲政的同治帝，就命令大臣们去完成甚至连其母亲西太后都没能实现的圆明园修缮工程，想要以此来确认自己的权力。群臣不知如何是好。因同治中兴，国力稍有好转，但国家财政依然很困难。群臣们纷纷上奏，请求停止修缮工程。

同治帝很生气，陆续罢免持反对意见的大臣。然后，同治十三年（1874年）正月十九日，圆明园的修缮工程正式开工。他打算将恢复生机后的圆明园赠送给自己的两位母亲，作为隐居之地。但是开工后，大臣们还是不断要求停止工程。同治帝越来越生气，于七月三十日（日本的全权大臣大久保利通到达北京）发布朱谕，将恭亲王降级为郡王，并剥夺了其世袭阁替的恩典，还想要罢免其他所有的重臣。

事已至此，西太后不得不再次登上政治的舞台。到那时，她虽然内心支持同治帝修复圆明园，但再次放弃了。第二年八月一日，西太后发布懿旨，取消对恭亲王的降级处罚，并停止圆明园的修缮工程。然后与东太后一起，一边哭一边对儿子进行劝告。

同治帝大概不能理解，毕竟无论其父咸丰帝还是其母西太后，都曾经突然罢免恭亲王。但是，同治帝罢免臣下的时机和动机实在是拙劣。他过于年轻，并不英明。但是，仅仅靠这些措施就能让同治帝回心转意这还高兴得太早。作为取消对圆明园修缮的替代品，他一心想着三海（北京的"北海"和"中南海"的总称，此处的"海"就是人工湖）的工程，还精力充沛地完成了围猎、接见大臣、西太后四十岁生日祝贺等繁忙的日程。

但是，同治帝的亲政仅仅一年有余就突然地结束了。同治十三年（1874年）十月三十日，同治帝得了痘症，仅仅三十七日后就驾崩了，享年十九岁。

同治帝的死因

同治帝对外公布的死因是死于痘疮（天花），但从其死后宫内宫外就流传着这样奇怪的传说：

年轻而有闲暇的同治帝和翰林院侍讲（给皇帝进行讲课的官职，从五品）王庆祺在太监的引领下，天一黑就溜出了紫禁城，微服在北京市内寻欢作乐。在北京前门一带妓院林立，有达官显贵的子弟出入那里。同治帝害怕别人认出自己，不情愿地在地安门附近（也叫天桥）找便宜的妓女，由此染上了梅毒而去世。西太后要面子，所以对外公布其死因是死于痘疮。

真假姑且不论，但是这个传闻广为流传却是事实。例如，京剧演员刘赶三在舞台上扮演医生时，在即兴表演中说着这样的台词："东华门我是不去的，因为那门儿里头，有个阔哥儿，新近害了病，找我去治，他害的是梅毒，我还当是天花呢，一剂药下去就死啦！我要再进东华门，被人家瞧见，那还有小命儿吗？"这让观众非常吃惊（参见拙著《京剧》[1]）。即使是宫中太监们，在那之后很长一段时间内，也相信同治帝真正的死因是梅毒。在太监小德张的回忆录里也有记载。

在史实中，西太后在同治帝死后以品行不端为由将王庆祺罢免，"永不叙用"（以后不能再次担任官职），并将一部分太监流放到黑龙江。也有学者将这看成是同治帝死于梅毒说的证

---

[1] 加藤徹：《京剧》，中央公论社，1994。

据。但是，如果处罚王庆祺等人的真正理由是同治帝之死的话，应该不只是罢免和流放就能了事的。因此，也存在否定梅毒说的见解。

当今的学者中，有很多人认为同治帝的死因同对外公布一样，就是死于痘疮。其根据是宫廷太医们留下的同治帝去世前三十七天的详细病例。如果看诊断记录的话，有这样详细的记录：最初，病情时好时坏，还算稳定。到了十一月二十日，病情急剧恶化，腰部和左右臀部出现溃烂，遗精和尿血不断，就这样去世了。当代的专家根据病情的发展速度和症状等判断，同治帝不是死于梅毒，而是死于痘疮。因为临死前同治帝的症状与梅毒末期的症状相似，所以没有医学知识的太监们散布了梅毒说的谣言。似乎这才是真相。

拒绝西洋医学

中医中的痘疮，在现代医学中被称为"天花"，是一种病毒感染的传染病，据说源自印度。在中国自晋朝开始，在日本自奈良时代开始，来势凶猛，夺去了很多人的性命。这种病死亡率很高，即使幸运康复，也会留下失明和麻脸等后遗症。十九世纪以后，随着种痘的普及，天花被逐渐控制住了，1980 年在人世间消失，WHO（世界卫生组织）宣布已将其彻底消灭。

清朝历代皇帝都害怕痘疮的威胁。顺治帝和同治帝都是因痘疮而去世。康熙帝和咸丰帝的脸上留有年幼时患过痘疮的印痕。

在中国，很早就知道痘疮的预防方法是"种痘"。但是，那是最原始的人痘接种方法：孩子穿着痘疮患者的衣服，从鼻腔中吸入痘疮疮痂的粉末。其效果不可靠。

中国的人痘接种方法，在康熙帝时代经由俄罗斯传到了西洋，经过科学的改良后，于十八世纪末最终形成了琴纳牛痘接种法。但是，清朝的太医们没有学习西洋的牛痘接种法，仍然继续使用原有的人痘接种法。文明古国的骄傲，阻挡了新技术的传入。

在同时代的日本，兰学医生热心研究西洋的牛痘接种法，于嘉永二年（1849年）使用从爪哇巴达维亚输入的痘苗，成功进行了牛痘接种。在同治帝的幼年时期，日本已经广泛地实行了安全有效的牛痘接种法。

种痘和火炮都是起源于中国的技术，但是对其进行科学改良的是西洋人，日本则通过兰学医生引进了那些新知识。例如，兰学医生村田藏六（后来的大村益次郎）引入西洋的军事技术，对萨长军的胜利做出了贡献。因此，谈论日本的近代化就不能不提兰学医生。

清朝的宫廷中没有兰学医生。这是同治帝真正的死因，同时也是中国晚于日本实现近代化的一个原因。

指定光绪帝

同治帝的梅毒说，也被翁同龢的日记所否定。同治帝在同治十三年（1874年）十二月五日的酉刻（下午五点到七点）于紫禁城的东暖阁驾崩，关于其前后的情况，翁同龢的日记记载如下。

当天，听闻皇帝病危的消息后，在太阳还未落山时以恭亲王奕䜣、惇亲王奕誴为首的宗室和大臣们陆续地聚集到了西暖阁。御医李德立匆忙地下了处方"麦参散"。精通医学的翁同龢厉声申斥道，"为什么不用回阳汤呢？"御医反驳说"不可"，因此翁同龢说，"那样的话灌入药汤就可以了"。其间，太后恸哭，想说什么却也说不出来（翁同龢的日记中所记的"太后"，大概指的是西太后或者东西两太后吧）。这时，御医报告说："牙齿紧闭，无法喂药"。诸位大臣起立，赶往东暖阁一看，皇帝闭着眼睛倚坐着。大臣们来到近前，仔细地观察，发现已经是临终状态了。周围充满了恸哭的声音。

精通医学达到能与御医争论程度的翁同龢，在日记其他地方明确记述了同治帝的死因是"天花"。

身为母亲的西太后和东太后却无暇哭泣：皇帝未留下子嗣就驾崩了，这是清朝自开国以来最异常的事态。国不能一日无君。西太后在同治去世后仅仅一个多小时，就召集群臣，发布同治帝的遗诏和东西两太后的懿旨。据此指定醇亲王奕譞年仅四岁的儿子载湉为皇帝，这就是光绪帝。根据翁同龢的日记，据说继任者的名字被宣布的瞬间，醇亲王跪倒在地叩头痛哭，之后因精神受到打击而昏倒，到了即使从旁驾着也难以站立的程度。

西太后选择光绪帝的理由，大概是因为他与去世的同治帝有很近的血缘关系吧。光绪帝的母亲是西太后的妹妹，父亲是奕譞（咸丰帝同父异母的弟弟）。也就是说，光绪帝和同治帝，无论是其母亲一方，还是父亲一方，都是表（堂）兄弟的血缘关系，是"虽及不上亲兄弟，但比一般的表（堂）兄弟更亲近"的血亲。失去最爱的儿子的西太后决定，将年幼的光绪帝作为同治帝的"替身"，自己继续作为皇太后担任监护人。将来，如果光绪帝生了皇子，就将其子作为同治帝的嗣子，事实上是"死后养子"，希望为同治帝祈祷冥福。

但是从清朝的祖制来看，她的这一决定带有很大的问题。关于皇位的继承顺序，有意见认为，即使与先帝（同治帝）的血缘关系变远，新帝也应该从同治帝的下一辈中选择。同治帝是"载"字辈，因此应该从下一辈"溥"字辈中选择皇帝。实际上，在道光帝的曾孙这一辈中，比光绪帝年长的有数人。群臣之间也有这样的声音，认为下一任皇帝应该从"溥"字辈中选择。

但是，如果从"溥"字辈中立皇帝的话，西太后就从皇太后变成了太皇太后（皇帝的祖母），那么她进行垂帘听政的理由就会变得不充分。清朝初期，曾有康熙帝的祖母孝庄太后实行事实上的垂帘听政的先例，但是，那时是有特殊情况的，孝庄太后是年幼的康熙帝的亲祖母，而康熙帝的生母（孝康章皇后）早在康熙二年（1663年）就去世了。如果从"溥"字辈中立皇帝的话，与新皇帝没有血缘关系的西太后进行垂帘听政，实在是有些勉强。

西太后指定光绪帝的背后，肯定也有这样的用心。这样的话，西太后还能继续处于皇太后的地位。但是，她的蛮不讲理，又成了引发另一场悲剧的导火线。

皇后阿鲁忒氏的悲剧

同治帝死后不足三个月，光绪元年（1875年）二月二十日，同治帝的皇后阿鲁忒氏就去世了，享年二十一岁。

她公开的死因是，对同治帝的病死过于悲伤而染上"沉疴"（慢性重病）。但是，当时也好，现在也好，没有人相信这一公开发布的死因。皇后死后，谏言官上奏意见说，应该将已故的皇后作为贞女的榜样进行表彰。西太后听后立刻斥责此谏言官，并将其更换。正因如此，民间流传着这位皇后因苦于西太后的欺辱而自杀的说法。

同治帝的皇后阿鲁忒氏是蒙古正蓝旗人，是户部尚书崇绮的女儿。崇绮在同治三年（1864 年）成为状元（科举考试的第一名），这是蒙古人史无前例的壮举。其女儿阿鲁忒氏，自幼是个喜爱古典的才女，诚实而稳重。

同治十一年（1872 年），东太后和西太后为十七岁的同治帝举行选秀女活动。作为皇后的候选人，东太后事先推荐了阿鲁忒氏（当时十八岁），而西太后推荐了富察氏（满洲镶黄旗人，当时十四岁）。同治帝选择的是东太后推荐的阿鲁忒氏。西太后非常气愤。但是，也许对于十七岁的男孩来说，与十四岁相比，十八岁的异性看起来更有魅力乃是理所应当。

媳妇和婆婆的关系从来就不好处理。西太后和阿鲁忒氏完全合不来。《清朝野史大观》中就有这样的逸闻：年轻的皇后身边服侍的人表现出担心，说"如果不能讨好西太后，将来可不好过啊"。阿鲁忒氏一听，立刻回答说，"敬重就足够了。不能去讨好她。我是奉天地祖宗之命，从大清门被迎进宫中之身，不能摇摆不定过于轻率。"据说，听闻此话的西太后，恨得咬牙切齿，变得越来越憎恶阿鲁忒氏。

皇后的地位是很特别的。皇帝大婚时，只有皇后乘坐的凤舆可以通过皇宫的正门大清门，进入宫中。其他的妃嫔必须从皇宫的后门神武门进入。西太后认为，自己没有从大清门进入宫中是其一生的遗憾。

笔者并不认为，聪明的阿鲁忒氏在做触犯西太后旧伤的言行。虽说如此，但往往事与愿违，不难想象阿鲁忒氏越是注意自己的言行，在西太后的眼里就越会觉得，这个儿媳妇似乎是在炫耀身为皇后的从容吧。

同治帝去世后，阿鲁忒氏本应升为皇太后。但是，西太后事前没有和阿鲁忒氏进行任何的商量，就让光绪帝继位。这样的结果是，西太后依然处于皇太后的位置。即使新皇帝即位，阿鲁忒氏也不得不还是处于皇后的位置。

事实上这是西太后对阿鲁忒氏做出的"死刑宣告"。这个世界上皇帝只有一人，他有多少其他的妃嫔都无所谓，但这个世界上皇后也只有一人。这样看来，如果将来光绪帝成人后迎娶皇后的话，阿鲁忒氏的地位会怎么样呢？不，即使在此时，尽管阿鲁忒氏是皇后，但她也不应是与四岁的光绪帝并肩出现的人物吧？

对于这样的蛮横无理，阿鲁忒氏是忍受不了的。如果是像元朝或者明朝那样后妃制度较为开明的时代，或许没有人会在意这些。但是，此时已经是清朝，是蒙古旗人崇绮战胜汉人秀才赢得状元的时代。他的女儿阿鲁忒氏，也胸怀超越汉人的清高的儒教伦理。在完美的后妃制度下，她已经只有保持"世间唯一"的皇后的尊严这一条道路。

阿鲁忒氏自己了断性命，随丈夫而去。关于她的具体死因，有说绝食的，也有说上吊的，还有说是吞金自杀的。另一种说法是，她怀孕了。她死后，于光绪五年（1879 年）作为孝哲毅皇后合葬在同治帝的陵墓中。

稗史中也有这样的记述，称西太后对于阿鲁忒氏施加了肉体上的暴力，将其逼死。笔者认为，即使她与西太后的关系不好，恐怕也不至于遭受肉体上的暴力吧。实际上，阿鲁忒氏的父亲崇绮还在其女儿死后历任要职，在义和团事件中也对西太后忠心耿耿，最后目睹清朝战败而自尽。如果像一些传言所说的那样，西太后杀了阿鲁忒氏的话，西太后果真会继续将理应痛恨自己的崇绮放到身边重用吗？这么考虑的话，阿鲁忒氏是按自己的想法为同治帝殉死，或者正如公开发布的那样是因病而死，这么想也是自然的。

同治帝除了皇后，还有四位妃子。她们还未满二十岁就成了寡妇，度过了自己寂寞的余生。与皇后不同，她们的"之后"不会成为话题。她们各自的去世时间与享年如下：淑慎皇贵妃（富察氏）于光绪三十年（1904 年）去世，享年四十六岁。恭肃皇贵妃，于民国十年（1921 年）去世，享年六十四岁。献哲皇贵妃，于民国二十年（1931 年）去世，享年七十六岁。荣惠皇贵妃，于民国二十四年（1935 年）前后去世，享年八十岁左右。

开发独裁

西太后拥戴四岁的幼帝，再次垂帘听政。政权的成员与同治帝亲政前大致一样。新年号光绪被决定启用，即"辉煌时代的端绪"之意。

咸丰帝死后开始第一次垂帘听政时，西太后不过二十七岁，对政治是个外行。拥戴光绪帝开始第二次垂帘听政时，她已经是四十岁的政治老手了。

同治帝的早逝，从其结果来看，有利于延长清朝的寿命。圆明园修缮工程这件事大致表明，同治帝的资质堪忧。他死后西太后开始第二次垂帘听政，经验丰富的政治家们使长期安定的政权得以继续，因此洋务运动也进展顺利。建设引入西洋技术的军需工厂，铺设铁道和电线，创办新企业——那是连同时代的日本人也羡慕的速度。

洋务运动的本质，如果用现代式的语言说的话，就是"开发独裁"。苏联还存在时，东西冷战持续的 20 世纪 50 年代到 80 年代，在亚洲以"为防止共产主义化，必须加快经济建设。为高效地发展经济，不得不独裁"为借口，陆续出现独裁政权。这就被称为"开发独裁"。当时的韩国、菲律宾、印度尼西亚这些所谓开发独裁的国家中，处于政权中心的家族和财界人士相互勾结，一方面行贿受贿和腐败逐渐日常化，另一方面却以"反共"为借口，抑制下层的民主主义要求。不过，与成为共产主义相比较，国民还是更愿意接受开发独裁。

如果追溯一下亚洲开发独裁国家的谱系，其鼻祖是明治时期的日本和西太后统治下的清朝两个国家。但是，即使同样是开发独裁国家，明治日本和清朝也有决定性的差别。

明治日本不仅仅导入西洋的技术，还制定宪法、设置议会等，为实现近代化不惜改变自身的体制，是所谓的"软性的开发独裁国家"。这一思想被称为"和魂洋才"。

同时代的清朝将维持其体制作为其最高目标，为此作为权宜之策导入西洋技术，是所谓的"硬性的开发独裁国家"。这一思想被称为"中体西用"。

"和魂洋才"与"中体西用"，乍一看似乎相同，但存在决定性的差别。"魂"是无形的，但是"体"必须是看得见的。和魂洋才的日本人，即使剪掉发髻，衣食住都西洋化，即使采用西洋式的君主立宪制，即使穿着西洋式的军服，但是可以强辩"心是大和魂"。而中体西用的中国人，对中国社会体制的服从，经常以看得见的形式展示。例如，中日甲午战争黄海海战时，清朝的水兵穿着水手服留着长辫子的身影，就是具有象征性的。当然，日本的海军穿着水手服留着发髻的士兵一个也没有。两国的近代化就是如此不同。

此外，硬性的开发独裁国家有个最显著的特征，就是将开发路线本身变成国内权力斗争的道具。经济建设失速，屈服于外来的干涉，这些对掌权者的正统性是致命的打击。反过来说，批判自己的政敌"对外态度不够强硬"或者"经济建设无能"，是权力斗争中非常有效的一张王牌。

突破这一禁止的王牌，并最初展示这种开发独裁国家权力斗争的范本的，就是西太后。史学家称她导演的政变剧为"甲申易枢"。

被利用的有良心的知识分子

东太后于光绪七年（1881年）去世后，西太后还是不能独揽政治实权。以恭亲王为首的像老狐狸一样狡猾的老臣们，已经占据了政权的中枢。

西太后一边表面上假装和重臣们共同合作，一边集中精神等待时机。作为政治家的她，意外地采取守势成了"等待"的类型。她既有眼含泪水感情激昂的一面，也有如蛇一般等待猎物冷静的一面。

终于，绝好的机会来了。光绪八年（1882年），法国企图将越南殖民地化，派遣军队占领河内。如前所述，西洋人的军队也并非无敌。刘永福的黑旗军（由太平天国的余党组成的义勇军）与越南人民一起共同努力进行抵抗，击杀了法军的李威利将军，取得胜利。

作为越南宗主国的清朝，为对抗法军出兵越南北部。北京政府首先向当地派兵进行观察，但之后就犹豫是否应该真正同法国开战。于是，只给当地清军以有限的交战权，即如果遭受法军进攻就进行反击。这完全同交战权尚不清晰却被派遣到海外的自卫队一样。被禁止积极主动进行攻击的清军，由于洋务运动明明已经装备了与法军性能较为接近的武器，却拖拖拉拉地一直吃败仗。

光绪十年（1884年）三月八日，日讲起居注官左庶子盛昱提交了一本奏折。其内容是，越南战败的原因是恭亲王、李鸿藻等重臣无能、优柔寡断造成的，应该弹劾、追究他们的责任，促其自省。日讲起居注官是在皇帝身边亲侍、记录皇帝言行和起居的官职。

西太后读完这本奏折后很是感激，立刻召见了盛昱。西太后流着眼泪说："中枢的这些重臣们，正如你所说，就是这样的狼狈相。只有更换大臣了。"盛昱感激涕零。

西太后向人们出示了盛昱的奏折后，于三月十三日以光绪帝的名义发布上谕。其内容是更换恭亲王为首的全部军机处重臣，令人震惊。而更换的理由，全是些他们"因循姑息"、"一味明哲保身"、"忽视人才"等抽象的内容。这样，政权中枢突然全部更换。因为光绪十年的干支纪年为甲申，所以这次事件被称为"甲申易枢"或"甲申朝局之变"。

前所未闻的异常的人事变动，引起了清朝朝野的混乱。最让人吃惊的，是献上弹劾文的盛昱这个人。

盛昱是当时被称为"清流"的有良心的官员中的一位。他不是像蔡寿祺（十九年前，向西太后献上弹劾恭亲王奏折的日讲官）那样的政治流氓。他纯粹为国家的前途而担忧，为了促进重臣们的反省，代表清流派官僚的意见舍身谏言。

但是，西太后在排除恭亲王奕䜣等人后，让醇亲王奕譞等自己的宠臣担任继任者。军机处的新成员全是些对西太后唯命是从的庸才。如此一来，与之前的军机处就相差甚远了。

盛昱再次舍身上奏曰："恭亲王才力聪明，举朝无人出其右，缘以占染习气，不能自振。李鸿藻昧于知人，谙于料事，惟其愚忠不可取。"因此，如果与此二人相比，后继者个个都是远远不及他们的平庸之才。盛昱自己对前些日子上奏的弹劾他们的奏折，表示后悔并反省。

当然，对于盛昱的第二次奏折，西太后视而不见。

此后，以盛昱为首的清流派官僚，舍身上奏"像醇亲王那样的平庸之才，不应让其参与作为国政中枢的军机事务"。令人吃惊的是，被批判为平庸之才的醇亲王，非但不生气，还叩头恳请西太后，说"正如清流派所言，请不要让我这样平庸的人进入政权"。但是，西太后说，"这样谦虚的态度更好"，并不同意醇亲王的辞请。

当时正是和法国正式开战之前，充满了非常时期的紧张气氛。在"国难当头，只有举国一致，建立政权，渡过难关"这样的气氛中，被更换的重臣们也接受了这样的处理。西太后善于敏锐地发现氛围的变化并对其加以利用。

中法战争的开始

中国的最高掌权者，经常把大臣上奏的奏折作为"锦之御旗"①。西太后也是这样。

在日本史上，"锦之御旗"是上面赐给下面的。但是，作为中国政治的常规，锦旗经常由下面献给上面。在日本人看来这很奇妙，但这其中有中国社会特有的原因。中国最高掌权者的正统性与西洋式的王权神授说、万世一系的日本天皇制都有不同，因为"天命"只不过是被全体臣民的意见所支撑的东西。

中国的历代王朝中，都存在被称为清流的有良心的知识分子一派。所谓的清流就是，一方面并未掌握国政的实权，另一方面也未与财界勾结，与腐败无缘，只是单纯地为天下、国家担忧，常常光明正大地伸张正论的有骨气的人士。

在清朝，御史、翰林、日讲官这些官职，是为清流准备的。除此之外，也有因科举未中第等理由而在野的清流人士。

西太后的时代，不缺少像张之洞、陈宝琛、吴可读（抗议同治帝继任者的指定问题，后自杀）等这样的清流人才。在中国，如果政治腐败、时局混乱，则决心舍身发表正直言论的清流派人士辈出。在这一点上，中国不愧是大国。

---

① 指冠冕堂皇的借口。

但是，像这样的清流派人士，结果却被作为为权力斗争的道具而利用，利用完之后就被抛弃。因此，即使清流派人士辈出，在中国也没有成为让言论自由和民主主义生根的原动力。

"甲申易枢"三个月后的光绪十年（1884 年）六月十五日，法军偷袭台湾基隆。以此为契机中法两国正式开战，中法战争爆发了。

已经确立独裁统治的西太后，让利用完的清流派从事军务。只会发表言论的他们从事生疏的军务，结果大部分因失败而名声扫地。

中法战争中，最初是法军胜利，但是到后面清军不断取得胜利。日俄战争日本战胜俄国的二十年前，在越南，中国军队在与欧洲列强军队的战争中已取得过胜利。

攻打台湾沪尾（现在的淡水）的法国军队被清军和当地的渔民民军两面夹击，军旗被夺下，狼狈不堪地逃到了海上。当时，丢失军旗被认为是军队最大的耻辱。

法国海军总司令孤拔中将，在镇海湾（浙江省）的战斗中，受到清军准确的炮击而身负重伤，不久后死亡。

光绪十一年（1885 年）二月，老将冯子材率领清军，在镇南关（现在的友谊关，在中国和越南的边境）展开激烈的肉搏战，大胜法军。与此同时，黑旗军和越南的义勇军也在越南临洮府打败法军，夺回了十几个城市。

在法国，由于连战连败，茹费理内阁倒台。

　　尽管当地的清军英勇善战，但是在北京的西太后听从了李鸿章的意见，急于讲和。清朝对法国做出了巨大让步，放弃了对越南的宗主权，签订了讲和条约。虽然当地的清军取得了胜利，但是北京的朝廷却自愿承认"战败"。

　　法国方面也非常吃惊，为意想不到的幸运而高兴，签订了条约。

洋务运动的局限

　　在近代国家，军队最根本、最重要的目的，就是抵御外国的侵略，保卫国民。而在硬性的开发独裁国家，其军队最根本、最重要的目的是维护国家的体制。防卫外国军队的国防虽然也是大事，但是军队的任务主要是威慑国内的政敌、镇压民众的叛乱。因此，硬性的开发独裁国家的军队，容易成为掌权者半私人性质的军队，就是汉语所说的"军阀"。

　　中法战争中，清军最前线的官兵英勇善战，大败法军。但是，如果战争这样继续的话，李鸿章就必须从自己心爱的北洋军阀中抽出一部分兵力派往越南。如果那样的话，虽然清军的胜利大概会变得不可动摇，但是却不免多少会给李鸿章的军阀带来损失。军阀的力量被削弱的话，那么在国内的发言权就会变弱。

由于这样的理由，李鸿章就劝告西太后，要趁着战斗取胜之际进行讲和。因为西太后此时已达成夺取权力的目的，所以也同意提前讲和。

北京朝廷的决断，显示出硬性的开发独裁国家的局限。如果当时的清朝是像日本那样的软性的开发独裁国家的话，近代战争中有色人种首次战胜白种人的荣誉，大概就不是日俄战争，而是中法战争了。

但是，中法战争中清军的奋战也并非一无是处，西洋列强重新认识了清军的强大。此后，他们将中国作为"沉睡的狮子"，自认输其一等。而要戳破这种假象，让中国人自己对开发独裁的局限性进行自省，必须要等到十年后的中日甲午战争。

中法战争真正的胜利者是西太后。她利用此次战争，既排除了以恭亲王奕䜣为首的老臣，又排除了那些麻烦的、常常伸张正论的所谓清流派官僚，一举两得。之后，直到去世前的二十四年间，她作为唯一的最高掌权者，继续掌握着清朝的实权。

西太后与光绪帝

在当代中国，对光绪帝的评价很高。

光绪帝四岁即位，三十八岁病死，在位三十四年，但是他亲政只有从十九岁到二十八岁的九年时间。余下的岁月就是西太后的"垂帘听政"、"训政"、"训教"。在九年的亲政期间，发生了中日甲午战争（1894～1895年）和百日维新（1898年）两件大事。

中日甲午战争时，光绪帝支持主战派，与对战争消极的西太后对立。战败后，光绪帝想要以日本的明治维新为榜样，坚决推行"维新"。但是，西太后停止了维新并幽禁了光绪帝。虽然说甲午战争和维新都以失败而告终，但是光绪帝的"爱国心"与对近代化的热情，在当代中国的"爱国教育"中得到了很高的评价。而西太后作为将中国沦为三等国的罪魁祸首而备受憎恨。

这样的见解确实存在。但是，历史是可以有各种各样的见解存在的。

根据开发独裁史观，近代化失败的原因通常只有两个：外国的侵略和国内反动分子的妨碍。有观点认为，开发独裁这一路线本身在结构上的局限是导致失败的元凶，而这一观点在当代中国不受欢迎。将洋务运动受挫的原因，归咎于西太后这一反动势力，利于将大众的目光从开发独裁结构的局限性上移开。

以前涉及西太后的论考，大都将西太后描绘成怪物，而她与光绪帝争执的主要原因，也在于她异常的权力欲望。但是，笔者认为，在西太后和光绪帝的对立中，还存在着更为根源性的东西。那就是硬性的开发独裁国家的宿命。

因中日甲午战争的失败而觉醒的光绪帝认识到，如果不变革祖法也就是国体本身，近代化就难以实现。在中国，这是非常危险的想法。

事实上，作为国家元首的光绪帝，被作为家长的西太后逼迫下台，并被幽禁。这一事件被称为戊戌政变。只要中国还继续是开发独裁的国家，西太后和光绪帝的对立，大概此后还会改变形式反复出现吧。在这个意义上，清末就是当代中国的小规模试验工厂。

下面，以在当代中国的历史认识中不被允许的视角，来试着分析一下光绪帝和西太后的争执与对立。

从听政到训政

载湉（光绪帝）于同治十年（1871 年）六月二十八日出生在醇亲王的官邸。其父亲是醇亲王奕譞，母亲是西太后的妹妹。双亲的性格都很温和，但是或许因为与伯父恭亲王奕䜣和姨母西太后有血缘关系，所以他有时态度很坚决。脸型也是长脸，与双亲相比，长得更像伯父奕䜣。

原本他应该继承他父亲，成为第二代醇亲王。但是，因堂（表）兄同治帝的病死，年仅四岁的他成了皇帝。

光绪帝在五岁时师从翁同龢开始学习。少年时代的他，勤奋好学，掌握了帝王之学。

西太后让光绪帝称自己为"亲爸爸"（亲生父亲），对其进行养育。实际上，西太后是养母，既不是"亲生父母"，也不是"父亲"。这是很奇妙的称呼，但这么称呼有她自己的根据。

西太后让太监和宫女用一听就是男性称呼的"老佛爷"来称呼自己。这表示出的意思是，自己不只是皇太后，更是作为事实上的太上皇而君临天下。

西太后耐心告诉年幼的光绪帝说，"因为你是我胞妹生的孩子，就跟我生的一样"，所以让他称呼自己"亲爸爸"。但是，如果真是自己的亲生孩子，没有必要特意冠以"亲"字。这一称呼反映出，自己的儿子同治帝去世后西太后扭曲的精神状态。

光绪帝十一岁时，东太后去世。十四岁时，西太后通过"甲申易枢"实施独裁。其间，光绪帝的亲生父亲醇亲王奕譞始终如忠犬一般服务于西太后。因此，西太后对光绪帝的印象也很好。

光绪十三年（1887年）正月十五日，光绪帝十七岁了。西太后"撤帘归政"，也就是停止垂帘听政，将政权返还皇帝。但是，因群臣强烈的恳请，她决定"训政"至光绪帝十九岁。所谓训政，就是在西太后的教导下，由光绪帝亲政的意思，事实上是垂帘听政的继续。

选定光绪帝的皇后

按照清朝的先例，顺治帝和康熙帝在十四岁、同治帝在十八岁都分别开始亲政。

光绪十四年（1888年），光绪帝已经十八岁。西太后在六月十九日发布懿旨，宣布于第二年正月为光绪帝举行大婚，并以此为契机停止训政。十月五日，西太后发布为光绪帝选定了皇后和两位妃嫔的懿旨。皇后是西太后亲弟弟桂祥的女儿，二十二岁的叶赫那拉氏（后来的隆裕太后）。西太后将自己的侄女作为年长的妻子许配给了自己的外甥。

妃嫔选择了侍郎长叙的两个女儿他他拉氏姐妹。姐姐瑾嫔十五岁，妹妹珍嫔十三岁。

选定后妃时，也有如下一些逸闻。

光绪十三年（1887年）冬天，西太后在体和殿为光绪帝甄选皇后。皇后的最终候选人缩小至五名：西太后的侄女、江西巡抚德馨的两个女儿、长叙的两个女儿。西太后坐于上座，面向站在旁边的光绪帝，命其选择中意的姑娘。光绪帝谢绝了，说"这样重大的事情，还是请皇爸爸（西太后）决定吧"，但是西太后坚决命令皇帝按照自己的想法选择。

清朝的制度中，在进行选择皇后的仪式时，要给予选上的女性镶嵌着宝玉的豪华如意（像是笏一样持于手中的以正威严的道具）。西太后命令光绪帝将如意交给五人中的一人。

过去，十七岁的同治帝在选择皇后时，选择的不是漂亮、比自己年龄小的少女，而是年长的阿鲁忒氏。西太后所抱的期待，是十八岁的光绪帝肯定会选择年长的叶赫那拉氏。但是，光绪帝手拿玉如意经过了西太后侄女的身前，向最漂亮的德馨的长女走去。"皇帝！"西太后急忙叫住了光绪帝。光绪帝忽然发觉，不情愿地将如意交给了叶赫那拉氏。

一般来说，皇后的最终候选人会成为妃嫔，但是德馨的两个女儿却没有。西太后唯恐这对漂亮的姐妹会独占光绪帝的宠爱，特意地取消了她们的资格，而是选择了长叙的两个女儿。姐姐瑾嫔，数年后成长为容貌和性格都很普通的女子。但是，其妹妹珍嫔（后来的珍妃）却成长为才华横溢的美女，逐渐独享了光绪帝的宠爱。

就像选定皇后这件事所象征的一样，在西太后的训政下，光绪帝只不过是一个傀儡。

政权的返还

光绪十五年（1889年）正月二十七日，光绪帝大婚的典礼准备好后，皇后（西太后的侄女）被迎入宫中。包括新婚生活用的家具等，此次大婚所花费的总费用折银（换算成白银）五百五十万两。

当时，如果有二两九钱二分的话，就能够买到两石的粮食（约 120 千克）。这相当于一人一年的粮食消费量。也就是说，大婚的费用五百五十万两，相当于一百九十万人一年所消费粮食的金额。如果将当时的一两白银换算为现在的约五百万日元，那么只是此次大婚就花费了将近三千亿日元的国家经费。

二月三日，光绪帝举行亲政大典。光绪帝从这一天开始正式亲政。并且，由其父亲醇亲王奕譞辅政。

西太后移驾到北京郊外的颐和园，从政治中引退。她被认为是到死之前也不会放手政治的人，但是只有在这时曾真的打算引退。

发生过这样一件事：大婚前，御史屠仁守上书，恳请西太后继续执掌政务。西太后很生气，罢免了屠仁守。她的理由是："如果我改变之前说过的将政权返还给皇帝，继续执掌政务的话，那么我会被天下以及后世的人们看成是什么样的人呢？垂帘听政本来就是不得已做出的特别措施。为了今后不再出现上奏这种妄言的人，罢免屠仁守以示惩戒。"

如此情况真是令人意外，西太后竟也有在意面子和后人看法的一面。

西太后的梦想，就是成为崇庆太后那样的人物。她的五十岁生日因中法战争而没能好好庆祝，因此下一个目标就是，在五年之后的六十岁大寿时，要举行盛大的仪式进行庆祝。

在还没有奥林匹克和世界博览会的当时，皇帝和皇太后的大寿是向国内外展示国力的国家级庆典。现在的中华人民共和国也在建国四十周年、五十周年这种逢十周年纪念时就举行一次国家的祝贺活动，向国内外展示经济发展的成果。相应的，清朝庆祝的不是建国纪念日，而是国家元首的生日。

利益的循环

儒教的本质，就是宴请时围在大桌子旁由谁先动筷子的事情。——这是陈舜臣的名言。

当时，皇帝的正餐要在饭桌上摆上上百道菜。当然，这些菜并不是都要吃掉，皇帝只不过品尝几种而已，基本上全都剩下了。剩下的菜，按照太监、宫女的前后辈顺序先后吃完。当然，在菜做完前御膳房的厨师们也会先偷吃一点，这是不用明说的。

皇帝也是在知道自己吃剩的"余惠"要赐给其他所有人的前提下，让御厨做出上百道菜的。

皇帝的餐桌就是中国社会的缩影。皇帝每次在大婚和大寿等国家祝贺活动，或者大兴土木建造宫殿时，按照顺序分配给大臣、官员、下级官差、工商业者、现场监督、劳工等"余惠"。只要不让这一利益循环停止，王朝的命脉就能保住。

西太后的奢侈并非她一个人的私利私欲。往坏里说，是举国的"寄生虫结构"[①]；往好里说，是"收入再分配"。别说是臣民，就连西洋列强，也以关税及赔偿金的形式分享到了利益。西太后只要不让这利益循环停止，革命派再怎么努力，也不能把清朝推翻。从延长清朝寿命的观点来看，恶名长存的颐和园营造工程和三海（北海、中海、南海）工程，都是相应有效的政策。

西太后在光绪十二年（1886年）将政权转让给光绪帝之前，就开始了对颐和园的营造。颐和园原来叫作清漪园，是乾隆帝为了赠给自己的生母（崇庆太后）而修建的行宫，在第二次鸦片战争时与圆明园一起惨遭火烧。

西太后为了让自己成为"崇庆太后"，将政权返还给光绪帝后，打算隐居到此。连名称也改称为适合晚年居住的颐和园（适合静养的行宫）。海军衙门（相当于以前日本的海军省）总理海军事务大臣醇亲王奕譞以"海军要在昆明湖（颐和园的人工湖）进行训练"这样牵强附会的理由，将海军的军事费用挪用到了颐和园的营造上。这一结果导致李鸿章拥有的海军"北洋水师"十年期间都没有更新武器。

西太后盯上并骗取海军预算的理由有三。

---

① 日语为"たかりの構造"。指政治家向有权利（如选举权）的人，无偿提供各种利益服务，这一现象日常结构化之后形成的体制特点。在此指西太后的奢侈实际上为臣民提供了利益。

第一，北洋水师实际上是李鸿章的军阀。加强海军力量简直就是增强李鸿章的政治发言权。因此，西太后将海军军费用作颐和园的营造，是要抑制李鸿章的权力。

第二，海军力量的增强等同于贵重的白银流向海外。当时，在中国所建造的军舰，无论是性能还是排水量，都十分有限。最新的战舰必须从西洋订购后进口（这与当时的日本是同样的情况）。实际上，北洋水师特意从陆军强国德国购入了大型军舰"定远"和"镇远"，而没有向海军强国英国订购，反映了清朝不能眼睁睁看着让鸦片战争以来的仇敌获利的民族情感。对于当时的民众来说，与其将贵重的白银给西洋人，不如将其留在国内用于修建土木工程更值得庆幸。

第三，削减防卫预算可以抑制国内的主战派。这是和当代日本主动地抑制防卫预算相似的主意。西太后讨厌战争。战争是男人们的游戏。西太后再怎么说也是女性，因此她不会站在阅兵、进行个别的作战指导之类的立场上。她原本也不具备军事方面的知识。

西太后集中精力于光绪二十年（1894年）的六十大寿上，绝对希望避免发生战争。因此，她削减国防预算，压制主战派的气焰。其实，同西太后的想法一样，李鸿章也认为战胜不了日本，反对和日本开战。

结果，至甲午战争结束（1895年），挪用到颐和园和三海营造工程上的海军经费，已经累计达到了白银一千三百万两

（关于金额有很多种说法）。北洋舰队七艘主力战舰合计才值七百七十八万两（约四千亿日元）。如果不将海军经费挪用到颐和园和三海的营造工程上，应该还能再买十二艘主力战舰。那样的话，清朝能否在战争中取得胜利姑且不谈，但是至少可能避免像那样的惨败。

在那个通过挪用海军军事经费建造的颐和园中，从政治中引退的西太后欣赏京剧，品尝美食，用华丽的服饰和豪华的家具装饰自己和行宫，享受着每天的生活。

女性掌权者的特征是，在日常生活中寻求美好的东西，对生活文化的投资毫不吝惜。男性掌权者为挑选张良或者诸葛孔明这样对自己有帮助的人物而倾注热情，而女性掌权者则为挑选窗帘或者地毯而倾注热情。例如，明朝的万贵妃（成化帝的宠妃）虽然是垄断国政的恶女，但是她却让人制作出了被评价为中国瓷器最高水平的成化瓷。西太后也一样，京剧、中国美食、刺绣等放在今天也让中国自豪于世的大多数事物，也是因为西太后的奢侈，才让它们得到了加工锤炼、日臻完美。

西太后的梦想是成功举办自己六十大寿的庆祝活动，实现华丽的服饰、梦幻般的京剧舞台、极富艺术美感的家具等穷极奢华的文化生活。她希望自己为崇庆太后再世，再现乾隆盛世，这就是她的治国理念。因此，她是绝对要避免战争的。

后党与帝党

清朝因太子密建制，避免了历代王朝所烦恼的皇帝党（现政权）和太子党（继任政权的候选人）的派别斗争。但是，在光绪帝的时代，这样的对立却再次出现。

西太后在五十五岁将政权让给光绪帝之前，有长达二十八年的时间掌管国政。其间，她没有故意对道光帝和肃顺任命的官员进行打压，而是维持了原有的寄生虫结构。无论是大臣还是官僚全都满足于这样的体系。

光绪帝十九岁时开始亲政。咸丰帝即位后立刻更换了前朝的两三位重臣，振奋民心。但这样做对光绪帝来说是不可能的。为什么这么说呢？因为西太后没去世，还生活在颐和园。如果光绪帝罢免西太后的心腹李鸿章或者荣禄的话，西太后不会保持沉默吧。

李鸿章和荣禄深知此道理。因此，他们名义上虽然是紫禁城的臣子，但实际上却是颐和园的臣子，每次有事都仰仗颐和园西太后的指示。他们被称为西太后一派的"后党"。当然，这并非正式的政党，只是一种绰号。

光绪帝的心腹，都是些没有实权的人。

光绪帝的生父醇亲王奕譞万事都不发表自己的主张，绞尽脑汁与西太后的心腹们维持好关系。他为讨得西太后的欢心，将海军军费挪用到颐和园的修建上，这使他在当代中国的评价很低。

光绪帝的老师翁同龢，虽然地位和名声都很高，但其实力远不及拥有北洋军阀的李鸿章。翁同龢一派被称为"帝党"。

亲政之初，光绪帝和翁同龢都对颐和园的西太后表现出恭顺的姿态。颐和园和紫禁城的距离只不过是十几公里，光绪帝每个月就要去颐和园问安五六次，有关国政的重大事情也仰仗西太后的指示。从当时的平均寿命来看，西太后已年过五十五，她的时代很快就要结束了。年轻的光绪帝如果能忍耐一下，安静地等到"那个时候"的话就好了。

但是，数年之后情况开始改变。觊觎西太后的位置、对现政权怀有不满的人们开始聚集到帝党的周围。正巧在那个时候，在帝党和后党之间起缓冲作用的醇亲王奕譞，于光绪十六年十一月二十一日（1891 年 1 月 1 日）去世了。随后，国际局势的持续紧张加速了帝党和后党的对立。日本势力开始抬头。

反日爱国的起源

在 1894 年的中日甲午战争爆发之前，两次如幻般结束的日清之战，意外地不为人知。

第一次是以漂流到台湾的琉球渔民被当地人杀害作为理

由，在同治十三年（1874 年），也就是明治七年，日本向台湾派遣军队，被称为"台湾出兵"①。日中两国之间开战论的呼声高涨，日清之间爆发战争变得迫在眉睫。后来，多亏大久保利通亲自前往清朝，以保住中日两国面子的形式，通过外交方式解决了问题，战争在即将爆发之际被遏制住了。

第二次是在光绪十二年（1886 年）七月，也就是明治十九年八月发生的"长崎事件"。北洋水师的四艘舰船为了向日本炫耀其军事力量，进入长崎港。因上岸的清朝水兵在当地妓院寻乐时发生纷争，清朝水兵和日本警察发生冲突，演变成如巷战般的乱斗。日本警察死亡两人，伤二十九人。清朝士兵死亡四人，伤四十六人。日本舆论一片沸腾，开战的呼声也异常高涨。但是当时日本的军备还在发展过程中，因此日本政府努力回避战争，最后那时候也未达到开战的阶段。

另外，醇亲王奕谩开始将海军军费挪用到颐和园的修建上，是在长崎事件一个月之后的八月十七日。这个时间非常耐人寻味。

第三次是光绪二十年（1894 年），也就是明治二十七年爆发的中日甲午战争。这一次，中日两国政府最初也都在朝回避战争的方向努力。无论是明治天皇、伊藤博文，还是西太后、

---

① "台湾出兵"乃是日方说法，国内一般称之为 1874 年日本征台事件，或 1874 年日本侵台事件。

李鸿章，都反对中日之间发生战争。但是，所谓事不过三，中日冲突终于变成了真正的战争。

关于中日甲午战争的原因和经过，在这就没有必要再赘述了。但是这里想指出，以"反日爱国"为旗号批判现政权的这种中国政治的模式，是在这次战争中被发明的。

中日甲午战争之前，无论是西太后还是李鸿章，都希望通过欧美列强的居中调停回避战争。在这一年的年末，西太后的六十大寿将至。李鸿章也知道北洋军阀的陆军和海军战胜不了日本。他们甚至认为，就像在十年前的中法战争中放弃越南的宗主权那样，也可以放弃朝鲜的宗主权。

但是，光绪帝和翁同龢却强硬地主张和日本开战。尽管如此，帝党还是服从了后党。然而，帝党得到了反日爱国这一旗号，开始公然反抗后党。就算强如西太后，也没能胜过反日爱国的正直之论。

帝党批判消极应战的李鸿章。开战后，李鸿章的北洋军阀对抗日军，连战连败。帝党进一步声讨李鸿章。西太后也采纳了帝党的主张，剥夺了李鸿章特权名誉。然后，时隔十年再次起用了在中法战争前被罢免的恭亲王奕䜣，让其摸索结束战争的道路。

被罢免北洋大臣之职李鸿章，作为清朝的全权代表赶赴日本马关，在那里签订了《马关条约》。小国日本战胜了大国清朝，震惊了整个世界。

让中国觉醒的中日甲午战争

中日甲午战争的本质是，硬性的开发独裁国家因其结构性的局限而导致失败。清朝以洋务运动推动了富国强兵，通过中体西用的思想维持了旧社会的体制。凭借如日本幕藩体制那样的陈旧体制和日本开战，失败是理所当然的。

有这样一则逸闻：参加中日甲午战争的军舰中，"广甲"、"广乙"、"广丙"三艘是属于南洋水师的炮舰。这三艘军舰在参加完北洋水师创立纪念活动后，因为南洋水师未支付薪水问题等原因寄食在北洋水师，然后就这样参加了中日甲午战争。"广甲"和"广乙"在战争中被击毁，"广丙"被日本海军捕获。战后，李鸿章在马关讲和会议上，厚颜无耻地请求，称"'广丙'与此次战争没有关系，希望能还给南洋水师"。日本方面非常吃惊。就像萨英战争是萨摩藩和英国之间的战争那样，中日甲午战争本质上是日本一国和北洋军阀的战争。

但是，中日甲午战争的后果是由清政府埋单的。《马关条约》的结果是，清朝支付赔偿白银两亿两，大约相当于当时国家三年的总支出，此外还要割让台湾和辽东半岛等地方，并放弃朝鲜的宗主权。

中日甲午战争的失败给了中国人很大的冲击，远远超过了鸦片战争和中法战争。首先，战争的规模不同。咸丰末年的第二次鸦片战争中，侵略中国的英法联军的士兵是两万五千名。中日甲午战争中，渡海的日军官兵是十七万四千零一十七名，达到了那时英法联军的七倍。另外，中法战争中，清军以镇南关之役为开端大胜法军；但是在中日甲午战争中，清军最强的北洋军队完全无法抗衡日军，连战连败。

英国和法国都很强大，但因为在全世界建立了殖民地，所以不可能将其国力全部集中到侵略中国之上。然而，日本和中国国土接近，且正处于富国强兵的最好时期。今后，日本如果举全国之力侵略中国的话，中国担心包括北京在内的主要国土部分都会被日本夺去。中国的有识之士预测，日本今后对中国的威胁会超过英法俄。

只有反日是突出的理由

英国曾火烧圆明园，俄国曾夺取沿海州，法国曾得到越南。但是，无论是过去还是现在，中国人最憎恨的却是日本。反日爱国的激烈程度，与反英、反法等完全不在同一水平上。

在马关签订《马关条约》后，清朝朝野一片哗然，反对讲和的声音高涨。在光绪帝那里，请求再战的奏折蜂拥而至。作为洋务派的南洋大臣张之洞力陈奇计，主张"将新疆数个城市给俄国，西藏的一部分让给英国，应该让这两个国家和日本开战"①。其理论是，哪怕将中国领土的一部分割让给列强，也要打败日本。现在的中国人对以前被俄国强行夺取的广大领土都不进行索回，只有对日本在尖阁诸岛②等问题上采取强硬的态度。这种姿态的创始人就是张之洞。

在野的知识青年们也燃起了反日爱国的热情。他们主张，中日甲午战争失败的原因，是因为旧的政治体制未改，所以如果不变革清朝的祖制，实行近代化，中国就会灭亡。这就是所谓的"变法自强"的主张。

签订《马关条约》的一八九五年，正值三年一次的会试（科举制的高级考试）。在北京，聚集了来自全国各地的被称为"举人"的应试者。举人是将来担任高级官员的后备军。举人们纷纷写下了主要内容为"清朝应该放弃签订《马关条约》，继续和日本作战"的请愿书，提交朝廷。这是在千百年的科举历史中，绝无仅有的事情。

首先，以广东的梁启超等八十一人的上书为开端，上书运动像野火一样在举人中间蔓延开来。广东的康有为虽作为学者已小有名气，但身为举人因参加考试而来到北京。他一气呵成，写作了达一万八千字的"上皇帝书"，得到了一千三百名举人的赞同（因当局的阻挠，实际署名的大约只有半数）。其

---

① 原文为"朝廷若以回、疆数城让俄，以后藏让英，以云南极边地让法，三国同助，则不惟台湾可保，且约竟可全废，断无战事"。

② 即我国的钓鱼岛及其附属岛屿。

内容在当时来说过激得让人吃惊。他主张的主要内容是，"首先，请皇帝陛下下达惩罚自身的诏书，同时处罚卖国奴般的文臣和将军，在此基础上放弃签订《马关条约》。与其支付给日本赔偿金，不如用来整顿军队。如果北京距离日本过近不利的话，即使迁都也要再战。哪怕百战百败，也不能以屈服来谋求和平"。

科举考试是很难的。最终考试合格的人成为进士。当然，成为有资格参加最后考试的举人之前的备考学习，其困难程度是非笔墨和言辞所能形容的。如果以举人的身份上书，批判政府，之前的辛苦有可能最终化为泡影，甚至被永远剥夺参加科举考试的资格。即使那样，承担下一时代重任的高级知识青年们，也以断送一生的决心进行了反日爱国的上书。这次上书运动被称为"公车上书"。

因为举人是考生而非官吏，所以没有上奏皇帝的资格。清朝政府以此理由拒绝接受上书。不过，虽然上书是批判政府的内容，但是对于在上面署名的举人也不能做出任何的处罚。实际上，写下奏文的康有为，这一年考试合格成为进士。

成为知识青年舆论导向者的康有为和梁启超，形成了"维新派"，主张应该效仿日本的明治维新，不畏惧改革清朝的国体，进行近代化改革。之后，他们将意见书上奏给光绪帝。读完意见书的光绪帝一拍桌子，大叫道："就是这个！"此后便决定开始重用维新派。

其间，颐和园的西太后一直在静观事态的变化。她是不得不静观其变。反日爱国的烈焰，暂时地压倒了作为保守派主流的后党。

梁启超在后来的著作《戊戌政变记》中一语道破，称"唤起吾国四千年之大梦，实自甲午一役始也。……直待台湾既割，二百兆之偿款既输，而鼾睡之声，乃渐惊起"。中日甲午战争的失败，对中国来说是"黑船"，是"珍珠港"。

反日的激烈程度与反英、反法以及反俄完全不同。对于反日爱国的所谓"正论"甚至连主流派都不能公开地反对。反日的主张最终收缩为对中国体制改革的主张。像以上这样的中国反日爱国运动的特征，清末也好，现如今也罢，并没有怎么改变。在思考 21 世纪的中日关系时，学习一下清末的历史是很重要的。

与光绪帝的对立

移居到颐和园的西太后，本来真的打算从政治中引退。光绪帝亲政的最初也对她言听计从。但是，从中日甲午战争前后开始，帝党和后党之间日渐形成对抗的态势。

西太后倾注心血准备的六十岁的生日庆祝，也因中日甲午战争的爆发，不得不大幅缩小规模，只在宫内举行（即便如此也没有中止）。这样的挫折在她的心中留下了深深的遗憾。

签订《马关条约》的第二年，光绪帝的生母（西太后的妹妹）就因病去世了。如前所述，到醇亲王家吊唁的西太后，为泄愤让他们将家中的宝物放到棺材中。此时，西太后对光绪帝的感情已经相当恶化了。

即便如此，西太后依然静观光绪帝的变法自强运动。六十大寿被毁了的她，下一个目标就是七十大寿的庆典。西太后并不关心维新派的思想和理念。变法也好，其他什么也好，对西太后来说清朝成为强国也不是坏事。但是，所谓变法，也就是不允许存在像西太后这样的人物。对于这一点，思想感觉迟钝的她还没有注意到。

对帝党也就是维新派的抬头抱有危机感的，倒是那些后党的重臣。其中尤其以荣禄的危机感最为深刻。

荣禄是满洲正白旗人，姓瓜尔佳氏。他是西太后母亲一方的外甥，也是光绪帝的表兄，年龄比西太后小一岁。之前，他历任内务府大臣、工部尚书、西安将军、步军统领、兵部尚书、协办大学士、总理各国事务大臣等要职。稗史中有传闻，说荣禄是西太后的情人，不过没有根据。但是，有一点毋庸置疑的是，他作为西太后的忠臣被深深地信任。顺便提一下，被西太后指定为皇帝的溥仪（宣统帝）是荣禄女儿所生之子。

身为满人的荣禄，认为其表弟光绪帝被汉人知识分子所骗，心里感觉不痛快。

通常，中国的党争，常常"最开始只是人际关系"，思想对立这样的借口，都是此后追加的。帝党和后党之间的区别，最初也只不过是下一任政权和现政权这样代与代之间的矛盾，并非什么深刻的东西。但是长年累月，"中日甲午战争的主战派"与"和平派"、"维新派（变法派）"与"保守派"、"满汉联合政权"与"满洲亲贵政权"，各种各样的政治色彩如同滚雪球一般添加在两者之上，其对立逐渐变得难以挽回。

百日维新

光绪二十四年（1898 年）四月十日，中日甲午战争以来回归政权的恭亲王奕䜣病死，享年六十七岁。

恭亲王病死前，对前来探访的光绪帝极力主张，"绝不能听从康有为等小人之言"。恭亲王也担心光绪帝再次被汉人知识分子所诓骗。

虽然说有过几次下台，但是恭亲王还是很有存在感的。西太后甚至在自己让恭亲王下台期间，在岁时节令都没缺少对其的恩典与赠答。光绪帝也对这位伟大的伯父很客气，决心在他在世期间暂不变法维新。恭亲王去世后，能对西太后和光绪帝的对立做出仲裁的人就没有了。

本来，光绪帝之前一直在小心地注意维持和后党的关系。但是，年轻的光绪帝燃起了变法维新的理想。他没法再从容不迫地去等待西太后的老去了。

恭亲王死后第十三天的四月二十三日，光绪帝发布《定国是诏》。从这一天开始，到西太后通过政变将光绪帝幽禁的八月六日之间的一百零三天，光绪帝为了从根本上改变国政制度而陆续发布诏书。历史上称为"百日维新"的改革开始了。

这些诏书是光绪帝将康有为的想法照搬过来，以自己的名义发布的。中央制度局的设置、地方民政局的设置、科举制度的改革、京师大学堂（北京大学的前身）的设置、中央各省厅的整合、保守派政治家的罢免、将李鸿章从总理衙门大臣的位置上罢免——每隔数日就接连不断地发布诏敕，命令进行平时需要多年才能完成的改革。并且，维新派的建议，都得到了光绪帝的赞同，如"模仿日本设置参谋本部"、"从光绪二十四年开始改元维新"、"改革服装制度"、"将首都从北京移到上海"等。

这些改革议案单个来看是合理的，与进行革命相比要稳妥得多。但是，连续进行的速度过快，并且也没有进行事前准备工作。

果然，中央和地方官僚对光绪帝所下达的这些上谕置之不理。按照变法上谕不折不扣执行的，只有湖南巡抚陈宝箴一人。其他官僚的经验是，西太后等保守官僚早晚会进行反扑，所有的维新诏敕很可能会成为废纸。像草一样随风倒，等待风暴过去，这是官员们老一套的办法。

老奸巨猾的西太后，暂时让人们看到了其对光绪帝变法维新运动的默认态度。百日维新开始后，她逼迫光绪帝罢免翁同龢，让其任命荣禄为直隶总督。但是，此外并没有明显的干涉，保持了令人害怕的沉默。《孙子兵法》三十六计中有一计叫作欲擒故纵，其作战策略就是，为了将敌人一网打尽，就要暂时让敌人逍遥。主流派暂时保持沉默的姿态，使反体制派完全暴露，是中国政治的常规。

戊戌政变

新生力量往往比较薄弱。保守派老奸巨猾，维新派还很年轻。在中国政治中需要老奸巨猾，但维新派就欠缺这些。

有这样的逸闻：四月二十八日早上，康有为因为要拜见光绪帝，在朝房等候，在那里偶然遇到了反对维新派的荣禄。荣禄对其发出了挑衅，充满讽刺地说："变法的必要性自然可知，但是到今日已经延续了一二百年的制度，能在一朝改变吗？"康有为勃然大怒，回答说："假如杀掉几个一品大官的话，变法就能立刻实现。"就像这句话所说的一样，三个月后康有为等人就曾想实行杀掉荣禄、幽禁西太后的计划。此次政变计划如后所述最终失败，其原因之一就是康有为的言行轻率。

多年以后，宫崎市定博士在《中国政治论集》中，记录了一九二五年在上海会见晚年康有为的回忆。当时已是清朝灭亡后的中华民国的时代，康有为已经变成气色很好、富态、性情温和的老人，他在上海的寓所内对第一次前来探访的日本人满脸微笑，进行了深入的谈话。他说，历代王朝中，没有像清朝这样施行善政的王朝，中国人民永远也忘不了其恩德，一点儿也不赞成共和制，等等，从这些开始，一直谈到清朝复辟的事情。民国六年（1917 年），康有为和军阀张勋合作，让溥仪重回皇位，但仅仅两周就失败了。这就是张勋复辟事件。据说，日本人都惊讶于其谈话之不设防，他们在回程的汽车中交谈时说："对第一次见面的人就如此深入地谈话，确实是有些轻率。正因为如此，即使好不容易取得了天下也会很快失败。"

康有为的轻率和维新派的危险性，也被清末的官僚们敏锐地察觉了。因此，尽管光绪帝颁布上谕，但官员们都将其束之高阁，完全不执行。

维新党很焦急。这样下去，所有的变法诏书都成了一纸空文，保守派则如愿以偿。在如同被委婉责难的紧张气氛中，被变法诏书未发挥实效性所激怒的光绪帝和维新派，仔细推敲为打倒后党而设计的政变计划。那就是，杀掉荣禄掌握兵权，幽禁西太后，光绪帝夺回实权。

正在这时，伊藤博文访问了北京。这件事加速推进了帝党和后党的紧张关系。

光绪帝与伊藤博文

明治三十一年（1898 年）六月，也就是光绪二十四年五月，伊藤博文辞掉总理大臣下野。成为自由之身的他，在只有森槐南（汉诗老师）等数人的陪伴下，到朝鲜和清朝旅行。

在清朝人看来，伊藤博文正是逼迫清朝签订屈辱的《马关条约》而应该憎恨的大恶人，同时也是成功实行开发独裁而让人尊敬的政治家。伊藤虽然是以私人的名义去清朝旅行的，但是清朝的大臣们事实上是以国宾的待遇来款待他的。

七月二十六日，伊藤到达天津。荣禄和袁世凯（李鸿章的继任者）召开宴会款待。但是，荣禄的脸上露出了不悦的表情，宴会中途以有事为由离开。当时，清朝的朝廷中流传着这样的传言：“因为光绪帝坚决推行维新，所以光绪帝似乎考虑让伊藤博文作为顾问进入军机处。”荣禄也这样相信着。

这也并非毫无根据的传言。事实上，光绪帝接见了伊藤博文，热切盼望能得到他关于维新的建议。这让西太后等保守派感到害怕。如果维新派和日本联手，像李氏朝鲜的开化党（中日甲午战争之前，以朝鲜的近代化为目标的一派）那样的话，这次清朝就很有可能重蹈朝鲜的覆辙。

七月二十九日，到达北京的伊藤也在那里受到了像国宾一样的欢迎。他与诸王及众臣（亲王、郡王等宗室大臣，以及

一般的大臣）、李鸿章、张荫桓等要人交换意见，并决定八月
五日拜见光绪帝。

西太后对此次会见异常敏感。她从会见的前夜就离开颐和
园住进了紫禁城，给光绪帝施加压力。

第二天，光绪帝在勤政殿接见了伊藤。首先伊藤寒暄过
后，光绪帝赐座。我想从《续伊藤博文秘录》中，引用此次
会见中谈话的一部分内容（此处将文字改为了通俗易懂的语
句）。

　　　　清帝　贵国维新以来的政治，被各国所称赞。因此，
贵爵（伊藤）对祖国的功绩没有人不佩服。

　　　　伊藤公　蒙赐夸奖，甚是惭愧。臣只是执行天皇陛下
之圣谟（天子的施政方针），只是尽到臣下的职责罢了。

　　　　（这个时候皇帝暂时和庆亲王耳语了一番，之后谈话
继续进行。）

　　　　清帝　贵国和我国，在地理上同属一洲，关系最亲
近，地理上也最近。目前在我国最需要改革之际，朕希望
听一听贵爵坦率的意见。朕将好好体会贵爵的用意，关于
改革的顺序方法等，请详细且毫不客气地对我总理衙门的
王公大臣们进行指导。

　　　　伊藤公　谨奉谕旨。如果承蒙王公大臣们来咨询的
话，臣根据实际所见，认为对贵国有利的地方，一定诚心

诚意详细述说。

　　清帝　能与贵国同心协力保持亲密的国交，是朕最希望的。

燃起了变法维新思想的光绪帝被不吝全面合作的伊藤博文的热情所感染。但是，对话并没有谈及从何处改、怎样改是可行的等具体的内容。

光绪帝在会见的过程中，曾与庆亲王奕劻（乾隆帝的第十七子之孙）暂时小声地交谈过，这一记述引起了注意。庆亲王属于西太后一派。也许光绪帝需要向庆亲王确认，自己与伊藤博文可以说些什么。

此外，似乎伊藤到最后也没有发现，这时西太后其实就坐在屏风后面，从会见开始到结束，一直在"旁听"。因此，光绪帝与伊藤博文尚未进行深入的交谈，就不得不匆匆结束了会见。

事实上，光绪帝从会见之前，就朝着决定进行政变的方向，一直在悄悄行动。如果没有西太后监视的话，光绪帝很可能会向伊藤请求日本进行军事援助，以及讨论在政变失败的情况下接受其逃亡等问题。

光绪帝在接见伊藤的第二天早上，因西太后的命令被逮捕、幽禁。西太后取消了光绪帝的亲政，百日维新突然结束。从这一天开始，西太后名副其实地执掌了政权。

伊藤博文对于突然的政变很吃惊。他给在日本的妻子梅子所写信中称：此次政变的原因流传着两种说法。一种说法是因为光绪帝万事过于效仿日本来进行改革，所以惹怒了西太后；另一种说法是光绪帝企图除掉西太后的事情暴露了。至于哪一个才是真的，因为这是中国的事情，所以自己也并不清楚。

实际上，这两种说法都对。

光绪帝在接见伊藤之前，就已经决定实行杀掉荣禄夺取兵权、将西太后幽禁到颐和园夺回政治实权的计划。然后，他将密诏托给了维新派成员谭嗣同。谭嗣同在八月三日夜晚，到天津的法华寺拜访了袁世凯。袁世凯是统帅北洋军阀系新建陆军（西洋式的军队）的一个实力派人物。他是个深谙权谋术数的人物，为了明哲保身，表面上也假装对变法表示理解。

当天夜里，对着携带密诏前来拜访的谭嗣同，袁世凯发誓，表示效忠光绪帝，赌上性命也要协助政变。然而，谭嗣同走后，他就进行了深思熟虑。是支持光绪帝与西太后对抗呢，还是背叛光绪帝而向西太后卖人情？哪一个对自己来说更能获得利益呢？

从不得不依靠这样的人物，可以看出维新派的弱势。

结果，袁世凯将政变的计划秘密告诉了在天津的荣禄。那天正好是光绪帝接见伊藤的日子。

袁世凯从接到密诏到背叛，只有两天的时间。据另一种说法，有学者推测，他本来打算按照与谭嗣同的约定杀死荣禄，但是目睹了荣禄部队防备严密后，在实施前彻底改变了主意。不管怎么说，袁世凯背叛了维新派。接到密告的荣禄非常吃惊，将政变的计划通过电报通知了"旁听"完光绪帝和伊藤会见后返回了颐和园的西太后。

西太后非常生气。第二天八月六日的早晨，她急忙从颐和园赶到紫禁城。然后，她叫来光绪帝，让其跪在地上后，立刻大声斥责："我抚养了你二十年，你却忘恩负义，听信小人谗言，耍阴谋诡计，是怎么回事？""如果我今日不在了，你也不会再有明天，你知道吗？""所谓的天下是祖宗的天下。你想为所欲为是怎么回事？"

光绪帝脸色发青，突然无力地垂下头来。紫禁城的卫兵、宦官都听从西太后和荣禄的命令。光绪帝已无处可逃。

当天，光绪帝被迫发布了谕旨，称"正值国事多难之际，为了造福天下百姓，朕再次恳请西太后训政"。

西太后将光绪帝幽禁在瀛台。瀛台是人工湖——南海（现在中国政府重要人物居住的"中南海"的南海）中的一个小岛。

维新派人士也遭逮捕，其中一部分人逃往海外。就这样帝党受到毁灭性打击，政权斗争以后党的胜利而告终。这一年是光绪二十四年（1898年），干支纪年是戊戌年，因此历史上称这次事件为戊戌政变。

6

最后十年

当代中国的预兆

通过戊戌政变，西太后以六十四岁的年龄再次登上了政治的舞台。直到七十四岁去世的这十年间，她手握实权一直没有撒手。

这"最后的十年"是中国历史上最浓墨重彩的时代。

马克思·韦伯将政治体制划分为传统型支配、法理型支配、卡里斯马型支配三种类型，这被大家所熟知。现在如果将这些类型与中国历史相对照，那么可以认为清朝就是传统型支配。让人吃惊的是，西太后在这最后的十年中，将这三种类型都进行了尝试。

戊戌政变中的西太后，作为清朝祖制的守护者而行动。她能够排除积极推行变法的光绪帝的理由，正是传统型支配的力量。但是，依靠祖制的力量得以成功的西太后，这次却碰上了"祖制之壁"。她废除背叛自己的光绪帝，想要再次立新皇帝，但是群臣以违反祖制为由进行反对，使她不得不放弃废立的打算。

正在这时，发生了义和团运动。被排外主义的热情所附体的二十万民众，举起了"扶清灭洋"的大旗，涌向北京。此时，作为最高掌权者的西太后，想出了遏止的方法。她利用集体歇斯底里①，破坏国内的政治秩序，想让自己成为超越政府和祖制的人物。也就是说，她想不通过那些不服从自己意志的统制官僚，而作为"现人神"②的"老佛爷"来直接统治四亿民众。

义和团事件本身，不久就因为八国联军侵入北京而结束。但是，西太后的战斗还没有结束。她逃到西安之后，因为"塞翁失马"，西太后更沉迷于奢侈的生活，以这样的方式向国内外显示自己依然还是卡里斯马式的人物。就这样，清朝又继续生存了下去。

---

① 集体歇斯底里（Mass hysteria），或称大众歇斯底里，社会学名词，指集体性地对真实或想象的威胁做出的紧张、恐慌、不安，并迅速传播的现象。

② 现人神，日语为"现人神"（あらひとがみ，arahitogami），即以人身出现的神，在战前日本天皇被认为是现人神，战后1946年1月1日，昭和天皇发表《人间宣言》，宣告天皇也是仅具人性的普通人，否定其神的身份。

最后几年的西太后，从排外主义突然一变，转向了改革开放的路线。曾经被自己镇压的变法派的改革，这次在自己的权威下推进。她看透了，卡里斯马式的自己死后，清朝继续存在的唯一道路，就是法理型支配，即清朝只有采取君主立宪制的道路。

概括来说，西太后的统治是现代中国的小型试验场。这些经验使二十世纪的中国作为大国重新复苏。义和团运动所表现出的大众的能量此后进一步加强，在抗日战争和"文化大革命"中再次表现出来。存在于洋务运动根底的中体西用的精神，在现今的经济建设中再次出现。中国社会的精神土壤，与清末相比并没有变化。在西太后的最后十年所提出的问题，在今天中国社会依然可以发现其影子。大概这最后的十年，也暗示了近年来当代中国所要面对的命运吧。

祖制之壁与列强的外压

帝党和后党的权力斗争，以后党的胜利而告终。但是，西太后对这样的胜利感觉不到丝毫的高兴。由于祖制的阻碍和列强的干涉，她不能按照自己的意愿行事。

西太后在政变七天后的光绪二十四年（1898 年）八月十三日，将谭嗣同等"戊戌六君子"处死。但是，帝党其他的主要成员都逃跑了。康有为登上了英国公司的轮船，梁启超逃到了北京的日本使馆中。虽然张荫桓和黄遵宪被拘禁，但是他们并没有被处死。西太后本打算对张荫桓处以死刑，但因伊藤博文和英国公使窦纳乐的压力，不得不减轻罪行，将其流放到新疆。西太后对知日派官僚黄遵宪的处罚更为减轻，不得已将其遣返回其故乡广东了事。

被处死的谭嗣同，如果他愿意的话，也可以逃往日本使馆而活下来。据说，日本人劝其逃命时，他这样拒绝了，说："各国变法无不从流血而成，今日中国未闻有因变法而流血者，此国之所以不昌也。有之，请自嗣同始。"并且，他对梁启超说，"你是西乡，我乃月照"①，自愿被官府缉拿，以殉变法运动。月照忍向是与西乡隆盛一起投水自杀的幕末勤王的僧人（后西乡被救）。

逃往大使馆或者租界、海外等地的政敌，就连西太后也毫无办法。事实上，远逃日本的康有为和梁启超，在报纸上发表了戊戌政变的内幕，批判西太后。这成为逃往国外的中国人批判祖国政治体制的先例。西太后很气愤，因此狠狠地报复他们留在国内的亲属。

顺便提一下，变法派中的大多数是广东人。以戊戌政变为契机，以广东为中心的南部诸省开始与北京划清界限。

---

① 原文为"今南海之生死未可卜，程婴、杵臼、西乡、月照、吾与足下分任之"，见梁启超所作《谭嗣同传》一文。

西太后很憎恨广东人，但最恨的还是自家人光绪帝。因为她只是想将其养育成人，代替同治帝执政，因而对他燃起了更加强烈的憎恶。她策划想要废掉光绪帝，立端郡王载漪（惇亲王奕誴的次子）的儿子溥俊（母亲是西太后弟弟桂祥的女儿）为新皇帝。事前让心腹荣禄去探听大臣们的意见。

意外的是，一直服从西太后意见的两江总督刘坤一却在电报中表示反对，因为废黜皇帝违反清朝的祖制。列强们也反对废黜光绪帝。如果因清朝的权威削弱而引起社会混乱的话，列强担心从中国榨取的利益会减少。结果，祖制的权威和列强的外压，才使光绪帝好不容易保住了帝位。

西太后放弃了要废黜光绪帝的念头，将光绪帝幽禁起来，以立溥俊作为事实上的皇太子为条件达成妥协（光绪帝没有子嗣）。

碰到奉行祖制的官僚们和列强的外压这两个阻碍，西太后感到了挫折感和闭塞感。正在此时，在距离北京五百公里的山东，农民们发起了新的运动。此次运动能成为排除祖制和外压的突破口，此时的西太后还没有注意到。

义和团运动

在近代史上，面对西洋文化冲击的非西洋的社会中，经常会发生异想天开的集体歇斯底里事件。用社会科学的术语说，指的就是"本土主义运动"。疯狂的大众们传唱着"依靠祖先传下来的神秘力量,可以立刻击退西洋白人,理想的神国出现了"等内容的邪教信仰,有如什么东西附了体一样跳着舞,进行游行。印第安人的"幽灵之舞"、新几内亚的"崴拉拉疯狂运动(The Vailala Madness)"、幕府末年的"可好啦"、清末的"义和团运动"都是本土主义运动。其中,义和团运动的规模最大,发展成了流血惨案,变成改变历史潮流的大事件。

义和团是清末山东农民自发组织的秘密结社。所谓的"秘密结社",原本是农民以互助会的性质集中在一起的单纯组织。清朝政府为了防止农民的叛乱,除了村祭等活动之外,严禁农民集会和结社。因此,农民建立互助会的话,不论其规模还是目的,都算是秘密结社。

就像过去的日本百姓们高兴地学习武术那样,中国的农民为防身和健身,也发明了农民特有的拳法和刀枪术,并进行学习。在与《水浒传》有关的山东农村,特别盛行这样的民间武术。他们称自己的武术为"梅花拳"、"义和拳"之类的名称。东洋武术往往把武术修行与精神结成一体。他们宣传,如果通过义和拳锻炼身心,身心清净的话,孙悟空和杨门女将(戏曲和说唱中有名的《杨家将》中的女英雄)的灵魂就会附体,西洋人的枪炮也打不中。学习义和拳的农民团体被称为"义和团"。

　　山东地处交通要地，清朝末年西洋人不断向这里发展。中国人中没有信仰的人改信了基督教，其中也有人借助"洋人"的淫威，对同胞做出损人利己的坏事。这动摇了农村社会的秩序。社会混乱，加上干旱和洪水等天灾，使得深陷迷信的农民怀疑天灾的原因是洋人和教民（中国的基督教徒）的妖术所致。

　　戊戌政变的第二年，义和团的一部分农民暴徒化，袭击教民的村庄。教民是中国人，他们的村子和家也是中国的财产。当然，当地的官员们也镇压了暴动。但是，新任的山东巡抚毓贤（满洲正黄旗人）非常讨厌外国。他认为义和团的暴动，有可能成为对抗列强的外交牌。毓贤命令手下的官员们，今后应该默认义和团的排外暴动，但是如果发现他们稍有转向反清运动的举动的话，应该无情地镇压。这种官员对排外暴动的默认也就是所谓的"毓贤方式"，被此后的中国长期继承。

　　从毓贤那里得到保证的义和团，举起了"扶清灭洋"的大旗。这类旗帜的前面两个字为"助清"、"顺清"、"兴清"、"辅清"等，每个旗帜都稍有不同。除了有像农民那样的粗枝大叶，缺乏统一性也是义和团的特征之一。

　　山东的义和团在各地明目张胆地杀害教民，破坏教会。当地官员对暴动的默认使各国非常吃惊，于是逼迫北京的中央政府镇压义和团。西太后不得已更换了毓贤，然后任命袁世凯为继任的山东巡抚，平定义和团。

传说到任山东的袁世凯，利用手下新建的陆军，使用枪炮镇压义和团。但是，根据史实，袁世凯没有采用武力镇压的方式，而是采用说服之策，获得了出乎意料的效果。

不只是义和团，民众运动的弱点皆在于"生活"。民众聚集处于兴奋状态时，官府也不会立刻出手镇压。但是，民众也需要生活。如果到了时间，他们就各自返回各自的家庭，不得不谋求生计。中国的民众，"众"的时候像狼一样，一个人的时候就变得像羊一样温顺。官员挨家挨户地通知，下次如果再发生暴动的话就会多收税金，效果立竿见影。就这样，在山东，义和团运动不久就沉寂下来了。

但是，一部分义和团民已经走出了山东。过去中国农民的叛乱一般都是这样，义和团的成员也迫使自己踏上了一条舍弃故乡生活而不能回头的道路，想要以此维持团结。他们手持刀枪和"扶清灭洋"的旗帜，向北京前进。沿途中，只要嗅到西洋文明的气息，无论什么都捣毁，烧毁教堂、推倒电线杆、掀翻铁轨。一发现西洋人就杀掉。让教民跪拜佛像等，逼迫他们弃教，教民中有很多都因拒绝而被杀。对社会怀有不满情绪的各地农民陆续加入义和团，其人数像滚雪球一样膨胀。到北京的时候，义和团规模达到了男女合计二十万人的程度（关于人数存在各种说法）。

义和团的暴动波及了华北的广大区域。就像身为医生的传教士苏格兰人杜格尔德·克里斯蒂在《奉天三十年》中所写的亲身经历一样，在地方也发展成了流血惨案。

统制派与排外派

戊戌政变前，清朝的政界中，帝党也就是维新派，和后党也就是保守派保持对立。但是，保守派通过政变取得胜利后，却立刻再次分裂了。姑且将这两派命名为"排外派"和"统制派"。

排外派是像毓贤、端郡王载漪那样过激的排外主义者。作为政治家他们大多是拥有中等以下实力的人，有很多是借着排外的机会以扩大自己发言权为目标的野心家。

统制派中像李鸿章、袁世凯这样有实力的人居多。他们心中也憎恨外国人，因此，他们注重"统制"。列强支持清政府的理由，是因为认定他们在清朝还有统治的能力。如果清朝政府控制不了民众的话，大概各国就会放弃清朝，谋求中国的殖民地化吧。

事实上，印度被殖民地化的经过也确实是那样。在1857年发生的印度大叛乱（印度民族起义）中，印度民众推举已经衰老的莫卧儿帝国八十二岁的老皇帝作为反英斗争的象征。这次起义在第二年被平定了。英国迫使皇帝退位，并把他流放到缅甸，莫卧儿帝国灭亡。聚集在北京的义和团，如果推举光绪帝或者西太后的话，也许清朝会走向和莫卧儿帝国一样的命运。统制派很担心这样的事态发生。

光绪二十六年（1900 年）五月，举着"扶清灭洋"旗帜聚集的二十万农民挤满了北京城。五十年前的太平天国未能占领北京，义和团却成功实现了。

但是，即使同样是叛乱，但两者的性质完全不同。曾经的太平天国的领袖是知识分子，下属中有许多著名的干部，具备整然有序的指挥系统，有相应的国家建设理念。但是，义和团却是由被排外主义的狂热和迷信所附体的无知农民所组成的集团，缺乏理念和思想性。

举一例子，义和团中有所谓"红灯照"的少女部队。这是由全身以红色装束包裹、手提红灯笼的十几岁的"魔女"组成的部队。据说，天一黑，她们就会念咒文，被穆桂英、樊梨花等戏曲中熟悉的女将的灵魂附体。然后，一边互相扇着扇子，一边因魔法的力量在漆黑的夜空中轻轻飞舞。一位少女在一晚中飞到了莫斯科的上空，用火烧毁了教堂，另一个少女飞到了东京，与明治天皇会面，说服其将台湾归还中国。

虽说这些只不过是青春期少女们特有的"集团性幻觉现象"，其本人与周围的大人们却相信这是真实的。义和团有各种各样这类的魔法。淳朴的农民们真的相信，中国传统的诸神用所拥有的魔法力量可以胜过西洋枪炮。

顺便提一下，当代中国的历史教育中，义和团运动被作为民众因列强对中国的侵略而发起的反帝国主义斗争而受到赞赏。关于义和团的民俗性、狂热信仰性，中国学者不怎么谈及。

在身为日本人的笔者眼中，红灯照中的少女战士和样板戏《红灯记》中的女主人公少女李铁梅，以及"文革"中的女红卫兵，在某些方面似有相同之处。

西太后对排外派的支持

当时，在北京设有列强的公使馆。感到危险的英国公使窦纳乐给天津的英国舰队司令部发去急电。为了救出孤立于北京的外交官及其家庭成员，陆战队的两千名士兵赶往北京。途中遭遇了义和团的激烈抵抗。义和团的武器为刀枪和拳头，基本没有枪支，更没有大炮。但是，其人数犹如海啸。陆战队被迫放弃进入北京，返回了天津。

义和团确实力量强大。关于如何利用义和团，清政府的意见分为两种。

排外派对义和团的战斗力评价很高。他们认为，以义和团的力量将列强从中国驱逐出去也是有可能的，主张清政府应该利用义和团向列强宣战。

统制派认为义和团终究不过是乱民，如果列强派遣正式军队干涉的话，是无论如何也抵挡不过的。他们主张，在招致列强的干涉之前先镇压义和团，向内外显示清朝的统治力才为上策。

两派的主张如同水与油一般不融彼此。对于统制派来说，运气不好的是当时有实力的成员大多已被调往地方就职，并不在北京。

西太后是凌驾于排外派和统制派之上的人物。本来，她很讨厌叛乱和战争，因为它们使得自己的政令变得不能下达到全国的各个角落。但是，她这次没有将义和团运动视为威胁，而是支持主张和列强开战的排外派。她的态度决定了中国的命运。

作为当时的寡妇，西太后也不能免俗地很迷信。她也和排外派一样，期待义和团有神秘的力量。另外，在幽禁光绪帝之后，对于她来说，阻碍只有两个：祖制的障碍和列强的外压。如果支持排外派而利用义和团的话，或许可以一同铲除信奉祖制而不认同自己意见的统制派和列强的外压。大概是因这样的意图，西太后才支持排外派的吧。

清朝政府劝告各国公使馆撤离中国。但是，北京到天津的道路早被义和团占领，已不可能撤退。

五月十五日，日本公使馆的记录员杉山彬到车站去看火车的情况时被清军逮捕，砍断手脚被杀害了。五月二十四日，与清朝政府进行交涉的德国公使克林德也在路上被杀害了。

次日二十五日，西太后以光绪帝的名义，发布了向列强宣战的诏书。排外派的庄亲王载勋（康熙帝的第十六子的后裔）张贴布告，称杀死一名洋人可得赏银五十两（洋妇四十两，洋人小孩二十两）。

滞留在北京的外国人和信仰基督教的中国教徒，在名叫东交民巷的地方设置路障，闭门不出。各国的水兵和义勇军合计六百名，在日本驻清武官柴五郎中佐的指挥下，与包围军对峙，等待本国救援军的到来。这就是"北京五十五天"的开始。

恐怖政治

义和团运动是对外战争，同时也有恐怖政治的一面。反对利用义和团的五位统制派的大臣被处以死刑，排外派掌握了实权。

义和团和清军共同合作，在北京城里，对住宅进行了大规模的搜查。藏匿洋人或者教徒的人自不用说，就连持有外国书籍和物品的人都被逮捕。达官显贵的官邸也不例外。借着这次搜查的借口，出现了陷害平日所恨之人、铲除政敌的情况。这简直与六十年后"文革"中"抄家"（红卫兵们暴力搜查住宅）所采取的方式一样。此次"住宅搜查"逐渐升级，最后甚至连皇族的官邸也未能幸免。

西太后的心腹荣禄当初反对利用义和团。因此，排外派的贝勒载濂（惇亲王奕誴的长子）向西太后请愿，处死荣禄。

但是，别说处死荣禄，西太后甚至都不允许让其下台。她利用排外派，但是并非完全信赖他们。

情况越混乱越能显示出西太后的卡里斯马特质。对义和团或者排外派来说，对模仿国外进行变法维新着了迷的光绪帝是修正主义者，而阻止他的西太后则是救国的卡里斯马式人物。

至此，事情都是按照西太后的意图进行的，她真是老奸巨猾。在利用排外派逐步实现卡里斯马型支配的期间，也确保了自己在义和团失败的情况下也能脱身。

在东交民巷固守的外国人，虽然被清军和义和团的大军包围，但仍坚持了两个月以上。中国人的善意救了外国人的命。负责指挥固守东交民巷队伍的柴五郎中佐，在其晚年的时候才吐露了这样的秘闻："能够平安无事地完成任务，多亏了很多互相信任的中国人。这些事情，如果在当时说明的话，他们会被当作汉奸遭遇不测，所以当时没有报告。中国人不是像日本人一样骄傲自大、轻率，一旦他们信任于人，一直到最后都会怀有诚意。为了被敌人包围的我们，他们天一黑就冒着危险给我们送粮食，多次帮我们联系上了天津的日本军队。其中，甚至还有切断手指以表诚意的人。"（石光真人编著的《一个明治人的记录》）

包围的清军也只是做做共同合作的样子给义和团看，其实对杀害外国人很消极。负责指挥的荣禄是统制派，预料到义和团最终会失败。他的攻击目标集中在肃王府（"男装丽人"川岛芳子的生父肃亲王善耆的官邸，位于防守区域的正北面）和法国公使馆，炮击对象避开了各国公使和家属们避难的英国公使馆。幸亏如此，固守东交民巷的队伍才能得以幸存。在猛烈攻击的架势中签字讲和，是中国政治的常道。

顺便说一下，1963年公映的电影《北京55天》（原题为 *55 Days at Peking*）中，演员伊丹十三扮演柴五郎中佐。作品本身在有识之士之间评价很低。因为它是美国人制作的娱乐作品，所以将防守东交民巷队伍的顽强抵抗描绘成了主要依赖英美人的智慧和勇气，将帮忙运送粮食的中国人刻画成唯利是图。这与柴中佐的回忆大相径庭。

东南互保

清朝政府向列强宣战的同时，也向地方各省传达檄文，命令与义和团共同消灭洋人。但是，地方并没有行动。就像两年前对光绪帝的变法谕旨视而不见一样，这次地方对西太后的宣战布告也视而不见。

两广总督李鸿章、山东巡抚袁世凯、湖广总督张之洞、两江总督刘坤一等中国东部和南部的长官职位都被统制派所掌握。他们互相联络通气，将北京传来的檄文看成是伪造的，决定置之不理。之后，他们对列强保证，不会让义和团的暴动行为波及包含上海在内的中国东南部地区，史称东南互保。

　　统制派已明白，义和团大概坚持不了一年时间吧。如果风向改变的话，西太后的态度大概也会转变。北京的西太后也非寻常人物，对李鸿章等人的态度非但不生气，还称赞他们长于为国家谋划。

　　与上层社会的惶惑不同，第一线的清军和义和团都很善战。列强为了救出身处北京的外交官而派遣救援军，两次都被击退。

　　但是，列强八个国家（日、俄、英、德、法、美、意、奥）组成的联合军（中国称为八国联军）从天津登陆后，事态骤变。虽说是八国联军，但是意大利等国只派出了百名士兵，手握战斗主导权的是派遣人数最多、达两万两千名士兵的日本。在战斗之际，经常也是日本军队负责困难的地方，向列强官兵显示了实力。英军的西摩尔中将对福岛安正少将说，"对英国士兵能够在贵官的指挥下作战感到光荣"。可以说，两年后成立的日英同盟在此时就约定好了。

　　八国联军以日本军队为先头部队向北京进发。虽然清军和义和团进行了勇敢的抵抗，但是没能阻挡住拥有近代装备的联军的进攻。

珍妃之井

　　光绪二十六年（1900 年）七月二十一日凌晨，联军终于逼近了紫禁城东华门附近。如果联军占领北京的话，拥护变法派的日本和英国很可能会让光绪帝恢复权力，将西太后作为战犯进行审判。

西太后决定将光绪帝作为"人质"，带着他逃离北京。逃往的地点是四百公里外的山西太原。她改变发型，身穿粗布青衣，乔装打扮成普通妇女的样子。光绪帝也打扮成了百姓的样子。

当时，西太后已经六十六岁，远远超过当时的平均寿命，她对自己有生之年还能够回到紫禁城的概率的推测，大概也就是一半吧。她在惊慌之余也未忘记"善后"。西太后出发前，命令御前首领太监（太监的首领）崔玉贵，到后宫将珍妃（光绪帝的宠妃）带过来。

光绪帝虽有一后二妃，但最受宠爱的是聪明美丽的珍妃。戊戌政变之前，珍妃鼓励光绪帝进行变法。她性格开朗，会穿上光绪帝的正装或者太监的服装等，来逗常常消沉的光绪帝高兴。西太后憎恨这样的珍妃，戊戌政变之后，将其幽禁在与光绪帝不同的地方。两年后的今天，她突然强迫珍妃坐到自己面前。

西太后在光绪帝、瑾妃（珍妃的姐姐）、太监、宫女面前，告诉珍妃："我和皇帝从现在就要离开北京。本来打算带着你一起离开。但是，如今一路上到处都是敌人的乱兵。万一发生有损我皇室体面的不幸之事，实在愧对祖宗。所以你就自尽吧。"

在场的人都很吃惊。珍妃脸色苍白，说："皇帝不能离开北京。"但是，西太后打断了她的话，冷笑道："将死之人，还胡说什么。"珍妃跪在西太后的面前乞求饶命，说："皇爸爸，皇爸爸，请饶了奴才吧。不会再犯第二次错误了。"但是，西太后冷冷地推开她，说："死了才好。"在场的人，或是流着眼泪，或只是茫然如木偶一样站着。光绪帝和瑾妃泪流满面，但是也毫无办法。

时间一刻一刻地过去了。西太后催促太监们，"快点动手！"但是，大家都茫然不知所措，然后一动不动。

太监崔玉贵决定认命。他抱起珍妃，将其投进了贞顺门附近的井里。据说，在珍妃被投到井里之前，喊着太监李莲英的名字"李安达，李安达"，寻求帮助。（"安达"是对太监的尊称）。珍妃享年二十五岁。

以上内容，是以太监王祥的目击之谈（载寿臣《王祥亲眼看见珍妃被丢到井里》）为基础，重新修改完成的。

据其他的说法，把珍妃投到井里的是崔玉贵的手下太监王捷臣。还有说法称，原本西太后没有要杀害珍妃的打算。因为珍妃吐露了"不应该离开北京"的正确言论，西太后非常狼狈，所以将珍妃投入了井里。实际上，后来西太后回到北京之后说："我只是说要将珍妃带出来，是崔玉贵误解了，杀死了珍妃。"赶走了崔玉贵。崔玉贵一句解释的话也没有说就退职了，一直到死对这件事都保持沉默。在稗史中，有说法称崔玉贵受到珍妃亡灵的纠缠发狂而死，还有另外一种说法，将珍妃投到井里的是李莲英。但是，这些都是错误的。

笔者认为，西太后一定从最初就打算杀死珍妃。她大概担心自己死后珍妃会成为"第二个西太后"吧。西太后在众目睽睽下赐死珍妃的理由，大概是为了避免珍妃仍生存于世之说的萌芽吧。在这个意义上，西太后的行动虽然冷酷，但是合理。

不仅仅是珍妃事件，所有的重要事情，西太后都是自己一个人考虑后做出决定的。而且，其思考的过程绝不会透露给其他人。实际上，据说西太后晚年的时候，将自己与同时代的维多利亚女王相比较，说："她好像是同男性臣下商谈后才决定，但我与此不同。"

真是"圣意难测"啊。

逃往西安之行

两宫（西太后和光绪帝）一行，分乘骡车从紫禁城的神武门出发。空中传来联军炮击的轰鸣声，街道上到处是伤兵和避难的难民。

在曾活跃于中日甲午战争的将军马玉坤的部队的守护下，一行人在颐和园吃过午饭后，沿着万里长城附近的乡村小道向太原行进。最苦的是最初的三天两夜。西太后和光绪帝在不能吃上满意饭菜的情况下匆忙赶路，晚上夜宿到农民家喝小米粥。

七月二十三日，一行人到达了怀来县。因为之前已经命令先头部队准备，所以县令吴永设宴款待两宫。这之后，旅途变得格外轻松。

七月二十七日，两宫到达了宣化县，并在此滞留了四天。当地差官为了两宫的饮食，奔走寻找高级的食材。好不容易置办的食材，却因为酷暑的原因腐烂了。负责当地的行政官员被西太后的随臣斥责，饮毒酒自杀了。

从北京出发一个月后的八月十七日，两宫到达了目的地山西太原。当时的山西正苦于干旱。此外，还流传着联军要进攻到太原的传闻。因此，两宫继续向西，于九月四日到达了西安。

西安距离北京的直线距离是九百公里。来到这里，就放心了。

在这次逃亡期间，西太后以光绪帝的名义发布了很多的谕旨。其态度突然一变，认定义和团为贼军，命令清军要与联军协力诛杀义和团成员。另外，将外交事务全权交予庆亲王奕劻和李鸿章，让他们承担在北京与列强进行和平交涉的任务。

占领北京的联军要求清朝处决战犯。西太后将毓贤等排外派大臣处以死刑，或让其自尽。排外派的首魁端郡王载漪被流放新疆，其兄载濂也被罢免。第二年，载濂的儿子溥俊，也被从事实上的皇太子的位子上撤下。

最应注意的是，西太后在逃亡的途中，向全国各地下发命令：全国各地输送至北京的税收和粮食，目前要运往行宫（太原，之后是西安），而不是北京。

如果在平时，全国各省集中到北京的税收，必须再转送到全国各地的行政部门。但是，西太后利用这一非常时期，将税收集中到了行宫。这有一种遇火事之后反而更丰裕①的感觉。她不吝惜额外的俸禄，将其赏赐给臣下。

举个例子，西太后在太原滞留期间，特别赏赐马玉坤的部队白银一万两（约五亿日元）、董福祥的部队三千两（约一亿五千万日元）、岑春煊的部队两千两（约一亿日元）、吴永四百两（约两千万日元）和绸缎两匹等。像这样的临时赏赐，之后有很多次。而李莲英等阿谀奉承的人和护卫部队得到的总数是多少，没有留下准确的统计。

西太后在原则上常常命令臣下，称因为现在是非常时期，所以对自己的接待应该简单化，控制费用。当然，并没有那种真的按照字面意思理解这番话的不通人情世故的官员。地方官僚认为这是讨西太后欢心的千载难逢的机会，所以为了款待不

---

①　日语为"烧けたり"。原意指遭遇火灾之后，反而生活、事业变得更为顺利的情形，引申之后常用来说明组织机构在遭遇危机之后，反而利用危机，使其利益更为扩大的情况。

惜重金。

实际上，他们在西安的生活也非常奢侈。因为西安是地方城市，所以在饮食的质量上无法与北京相比，但是即便如此每天也有上百道菜。每天的餐费达白银二百两（大约一千万日元），但是西太后却狂叫"太简朴了"。

所有事情都是这样的做法。从全国集中到西安的税收，西太后花起来如水一样，制作高级的新衣服，购买新的家具和日用品，欣赏戏剧。

这种过度奢侈，也是一种战略。如果用社会科学的用语来说，就是"夸富宴"① （关乎威信和名誉的消费）。西太后展示给国内外看的是，自己仍然是卡里斯马式的领袖，是"利益循环"中的泵。

在北京的列强代表关注着西太后的生死。

即使列强的军队再强大，最终也只能占领点（城市）和线（干线道路）。联军司令官瓦德西（德军）也很诚实公正地自我评价说："即使列强合力，大概也很难统治中国人的四分之一吧。"也只有西太后能统治中国广阔的"面"，控制像义和团那样的民众暴动。西太后在西安的奢侈生活状态，让列强承认了这一事实。

---

① "夸富宴"（Potlatch），指首领通过看似浪费的方式摆下宴席，象征其财富地位。经人类学家研究被认为是资源再分配的一种制度。

关于殖民地统治的格言中，有一句叫作"寻找代理人"。列强自己榨取原住民的直接统治是危险的，效果也不好。因此，将有统治原住民的力量、但没有反抗列强力量的"强人"（strong man）认定为代理人，间接统治殖民地的方法经常被采用。

列强认定西太后是个强人，她依靠全国的民脂民膏，获得了清朝的存续。

列强开始和李鸿章等人进行讲和交涉。清朝无奈地接受了列强的要求，将排外派大臣作为战犯处决了。西太后离开北京一年多之后的光绪二十七年（1901年）七月二十五日，清朝与列强签订了《辛丑条约》。李鸿章两个月之后去世，享年七十九岁。

清朝将分三十九年（年利四分）支付给列强赔偿金四亿五千万两。赔偿金的支付，在清朝灭亡后继续由中华民国继承，民国二十九年（1940年）终于偿还完毕。本息合计支付的总额累计将近十亿两（约五十兆日元）。从此赔偿金中，日本设立了东方文化学院，美国建立了燕京大学等，虽说一部分返还给了中国，但是这么重的负担也是让中国近代化推迟的一个原因。

凯旋北京

在北京签订《辛丑条约》后，西太后终于振作起来，决定返回北京。与来时不同，这次决定选择南方的路线返回。乾隆帝曾经让自己的生母崇庆太后充分地享受过豪华的旅行，西太后决定赠送自己一次旅行。

从西安到北京的路程有两千七百多里（约一千四百公里）。从八个月前开始，为了两宫回京一直在进行建设工程。建设了三十七个壮丽的行宫作为两宫的住处，并且新建了很多新的驿舍和公馆。

预计两宫的车队将要经过的"御道"，只为了这一次的通行，就动员了当地百姓进行整修。包括山间凹凸不平的道路在内，路面被修得像镜面一样平坦，铺满了细腻的金黄色砂子（黄土），为了防止尘土飞扬还洒上了水。

八月二十四日，西太后从滞留了将近一年的西安启程，向北京出发。两宫的车队，就在像红土网球场一样的道路上平稳地前行。

各地的官僚向当地百姓征收临时赋税，以款待西太后。

途中，西太后在开封滞留了一个月，庆祝自己六十七岁的生日。文武百官从全国各地赶来，盛装出席。西太后设宴款待，欣赏戏剧，发放特别的赏赐。据说，只是为庆祝寿辰所准备的饭桌、食器、茶具等物品，就花费了白银三万两（约十五亿日元），由此可以料想庆祝费用的总额之大。

西太后很早之前就对火车感兴趣。因此，决定在从保定到北京最后一百五十公里的路程中，乘坐特别订购的专用火车。

她曾在光绪十四年（1888 年）命令铺设了从北京的中海到北海（现在的北海公园）全长约一点五公里的轻便铁轨，乘坐时很高兴，但那不过是游乐场里像玩具一样的交通工具。真正意义上的火车旅行，这是第一次。

她们一行人的行李和人员，足足占据了二十二节车厢。为西太后和光绪帝还专门定制了每人两节皇室专用的高级车厢，火车站也改建得很漂亮。

在北京，为了欢迎西太后的归来，街中悬挂各色的灯笼，并用编结成花的红布装饰。西太后所能见到的墙壁，都进行了修缮和装饰。这些装饰所花费用的估价留有记录。只是从紫禁城的午门到正阳门桥的牌坊（橹门），预算就有十二万九千两（约六十五亿日元）。至于北京所有的工程费用，已经难以估算。

光绪二十七年十一月二十八日（1902 年 1 月 7 日）西太后回到了北京。为了一睹西太后的豪华车队，沿途挤满了北京市民和外国人。这简直像神话故事中的情景一样。一年零四个月之前，打扮成百姓模样逃亡的西太后，意气风发地"凯旋"，回到了北京。

她到底战胜了谁呢？抱有这个疑问的，只有不了解中国政治常态的不通人情世故的外国人。她不是因为胜利了才回来的，而是因为回来，所以才胜利了。

西太后去往西安的逃难之行，因其当年的干支纪年，史称为"庚子西狩"。对于西太后怀有善意的人称之为"慈禧西幸"，对其持有批判的人称之为"慈禧西逃"。不管是哪一个，其间为了西太后所花费的清朝的国家财力，如动员当地百姓修建土木工程的劳力、税收以外臣民的"自发"捐献等，总额合计可能达到了白银一亿两（约五兆日元）。

当代中国的史学家谴责西太后的逃难之行和浪费行为是中国历史上最胡闹、最屈辱的行为。但是，如果假设从北京逃出的西太后能认真反省，突然转变，像康熙帝那样开始节俭生活的话，清朝果真会延续到战败后吗？不过，多数的当代中国史学家站在这样的立场上，认为清朝的迅速灭亡对中国来说也是件好事。

在身为日本人的笔者看来，其意义深远的是，西太后通过义和团事件和"庚子西狩"，巧妙地确立了其卡里斯马型支配的这一事实。

所谓的"卡里斯马"，就是"此人天生如此"这一事实本身好像成了正统性的根据，是超越一般认知的存在。神很伟大，其理由就是因为那是神。因为有才能，或者因为有钱，这样的理由不能说是伟大。

即使西太后在战争中失败，即使退居农村，臣民也会像神一样崇拜她，羡慕她的幸运。西太后将自己神化为"老佛爷"（佛）或者"老祖宗"（先祖），并让他人这样称呼自己。趁着义和团运动的机会，终于实现了卡里斯马型支配。

突然痴迷于西洋趣味

　　回到北京颐和园的西太后，突然对西洋文化很痴迷。不管是褒，还是贬，她最终还是位女性。她的排外主义，不是基于思想和伦理，大多是感情用事。正因为这一点，她转变很快。

　　光绪二十九年（1903 年）三月，西太后允许驻法公使裕庚（汉军旗人）的两位女儿德龄和容龄作为女官留在宫中。这两位姐妹的母亲是位法国人。

　　西太后让德龄和容龄跳芭蕾和华尔兹。看着她们旋转的身影，西太后不禁纳闷，"为什么不眼晕呢？"。西太后让两姐妹戴上装饰羽毛的帽子，穿上膨起的西洋裙子，欣赏巴黎最新的时装。之后德龄退职，和加拿大人结了婚，用英文发表了服侍西太后时的回忆录。德龄很聪明，写得也很出色，因此其回忆录作为史料阅读时有注意的必要。

　　西太后特别喜欢照相。现存的西太后的照片有百余张。其大部分是光绪二十九年由德龄姐妹的哥哥勋龄所照。勋龄的照相技术非常专业。西太后扮成观音菩萨等变装的照片还有保存。西太后照相时，一定要带上耳环，这是她年轻时从咸丰帝那里得到的能够引起她回忆的物品。

　　另外，西太后还让美国的女画家凯瑟琳·A. 卡尔给自己画肖像画。这幅画完成于光绪三十年（1904 年）。当时，西太后已经七十岁了，但是在画像上被绘画成一位约四十岁的温和而优雅的妇女。西太后非常满意。卡尔在写有西太后的自己的著作中，称赞西太后是美丽、聪明而又可爱的女性。

同年的秋天，俄国的马戏团在北京演出。西太后立刻将马戏团请到了颐和园。在老虎和狮子表演时，为了以防万一，在铁栅栏中让猛兽进行表演，并且有手拿武器的侍卫团团围在周围。为了更加保险，在西太后前面还站着几排太监作为人墙。西太后对空中飞人发出了惊讶的声音，看着小象和小猴子的表演捧腹大笑。演出结束后，西太后给了一万两（约五亿日元）的赏银。

西太后本来喜欢读书，很关心英国的维多利亚女王，专心阅读了与她相关的汉译书籍。

当时，被幽禁的光绪帝每天学习一个小时英语，作为日常习惯。聪明的光绪帝，没过多久就掌握了英文的读写。看到这之后的西太后也想试着学习英语，但是学了两个小时就变得头痛，因此就放弃了。

西太后每年十月十日生日时，颐和园都要举行盛大的宴会，招待各国公使的夫人，一起进餐。西太后考虑到公使夫人们不习惯中国菜，还准备了西洋式的甜食、香槟酒和刀叉等。据说，西太后很喜欢彬彬有礼的日本公使夫人，但对于劝说女权的重要性、注重女性教育的美国公使夫人感到束手无策。

西太后坐在中央的宝座上，盛装的各国公使夫人站于两侧的照片，目前也有保存。看到之后总觉得有点不可思议。光绪二十六年（1900年）的义和团运动时，命令杀掉包括女人和孩子在内的全部洋人的罪魁祸首，却在仅仅三年后就很乐于与外国人进行社交。我们对她的无主见应该感到吃惊吗？还是应该对到此时连排外主义者都能改变的这一事实抱有希望呢？

清朝最后的改革运动

喜欢西洋文化的西太后，在政策方面突然一变，转向"改革开放"，以光绪帝的名义开始新政。其大部分都是厚颜无耻地剽窃了数年前自己亲自葬送的变法派的想法。另外，史学家们为了与康有为等人的"变法维新"明确区分，将义和团运动后的西太后所进行的一系列的改革称为"变法新政"。

光绪三十年（1904年）是西太后的七十岁大寿。五十岁时赶上中法战争，六十岁时赶上中日甲午战争，每十年的生日寿辰都发生了战争，这次生日也爆发了日俄战争。战场在清朝的发迹之地中国的东三省（黑龙江、吉林、盛京，日语称之为满洲）。在日俄战争中，清朝保持了严正的中立立场，但却清楚地知道，不管日本和俄国哪一方胜利，都会掠走东三省。

西太后没有大规模地举行七十岁大寿的祝贺活动。她终于放弃了成为崇庆太后的梦想。

日本勉强取得了日俄战争的胜利。如果清朝站在俄国方面参战，夹击日本的话，或许日本会输掉战争。

事实上，清朝最初计划和俄国共同对抗日本。光绪二十二年（1896年），李鸿章与俄国签订了以日本为假想敌的秘密军事同盟，也就是所谓的《中俄密约》。此条约有效期是十五年，期限截止的宣统二年（1910年）首次向外公示其存在。根据此秘密协定，在日俄战争中清朝有义务站在俄国方面参战。但是，义和团运动后，俄国露骨地以东三省为目标，继续违法驻留军队。西太后等人认为，既然俄国方面先破坏了信义，那么清朝也没有遵守秘密协定的道理，因此在日俄战争中严正地保持了中立的立场。

日俄战争爆发于光绪三十年（1904年），以这一年为最后，延续了千余年历史的科举制度被废除了。在最后的科举殿试中，西太后留下了有趣的逸闻。

殿试第一名为状元，第二名为榜眼，第三名为探花。此三人被称为第一甲，与第四名及以下被称为第二甲的相比，有特别的优待。

在八人读卷大臣（打分的总责任者）的原案中，这次科举状元是位叫朱汝珍的广东人。西太后看见这份原案后，皱了皱眉，调换了状元和榜眼。因为西太后最讨厌的洪秀全（太平天国的首领）、康有为、孙文都是广东人，并且从汝珍这个名字也容易联想到珍妃。

乾隆帝也曾经因为政治考虑，将本是探花的陕西出身者与本是状元的赵翼（《廿二史劄记》的著者）相替换。出了状元，对当地来说是很了不起的荣誉。因为陕西的百姓刚刚负担了沉重的兵役，因此乾隆帝出于政治考虑，才将状元替换。这与西太后的逸闻相比较，可以清楚看到西太后作为女性掌权者的性格。

光绪三十一年（1905 年），西太后派遣五位大臣访问欧美和日本。虽然比明治的岩仓使节团晚了三十多年，但是清朝也终于决定认真地进行近代化改革了。

光绪三十二年（1906 年），清朝约定未来将制定宪法。当时，以海外留学生为中心，应该消灭清朝、汉人夺回主权的所谓"灭满兴汉"的思潮逐渐高涨。西太后看明白了，为了作为卡里斯马式人物的自己死后清朝还能继续存在，之前的传统型支配已经不管用了，事到如今只能转向法理型支配。

光绪三十四年（1908 年），清朝政府约定，九年后发布宪法，召开议会。公布的宪法大纲，好像是将大日本帝国的宪法直接翻译成了汉语，这只是有识之士如今的评价之一。

西太后之死

不论是谁，心中都开始感觉清朝接近尾声了。但是，谁也没有想到是在短短的三年之后。

当时，孙文等革命派在中国各地举行的武装起义都被轻易地镇压了。在清朝国内，没有能够取代朝廷的政治势力，人们认为只要保持清朝"利益循环"的系统，只要保持有绝对存在感的西太后活着，清朝就不会灭亡，可以继续存在。

但是，就连西太后的末日也到来了。

西太后从光绪三十四年（1908年）的十月十日开始，连续六天庆祝自己的生日。紧接着，十六日开始身体不适，停办政务，卧床休息。不过，当时其本人和医生都认为，如果休息数天，就能恢复元气，办理公务。

西太后卧床的同时，光绪帝的病情恶化了。光绪帝因长期的幽禁生活而产生的烦恼和精神压力，使其患上了肺结核，心肺功能低下，苦恼于慢性的身体不佳。在这一年的七月份，已经恶化到了连医生都想放弃治疗的程度。之后，一进入十月中旬，光绪帝就到了奄奄一息的状态。

病床上的西太后，以光绪帝的名义，指名醇亲王奕譞的孙子，年仅三岁的溥仪为皇太子。溥仪的母亲是荣禄的女儿，对光绪帝来说溥仪相当于他的侄子。西太后打算在光绪帝死后，拥立溥仪，进行第三次垂帘听政。清朝初期，有年幼的康熙帝的祖母孝庄太后曾实行事实上的垂帘听政的先例。从光绪帝驾崩那一刻起，西太后就将成为继孝庄太后之后清朝的第二位太皇太后（皇帝的祖母）。

十月二十日夜，溥仪被带到了西太后的面前。晚年的溥仪对那时模糊的记忆，是这样回忆的。

　　我和慈禧这次见面，还能够模糊地记得一点。那是由一次强烈的刺激造成的印象。我记得那时自己忽然处在许多陌生人中间，在我面前有一个阴森森的帏帐，里面露出一张丑得要命的瘦脸——这就是慈禧。据说我一看见慈禧，立刻嚎啕大哭，浑身哆嗦不住。慈禧叫人拿冰糖葫芦给我，被我一把摔到地下，连声哭喊着："要嬷嬷！要嬷嬷！"弄得慈禧很不痛快，说："这孩子真别扭，抱到哪儿玩去吧！"（爱新觉罗·溥仪《我的前半生》）。

即使这个时候，西太后的意识也很清醒，还没有感觉自己就要这样死了。

第二天十月二十一日酉刻（下午五点到七点），光绪帝驾崩。享年三十九岁。

听到这一报告的西太后病情骤变。如果从当时太医们的诊断记录来推测，西太后身体不佳的原因，好像是高血压性的心力衰竭。情绪激动可能是诱发她病情骤变的导火索。是因心情过度悲伤，还是因光绪帝先死去的安心感，或者两方面的原因都有，这已经不可能知道了。

恐怕西太后一定认为，即使光绪帝去世，她也绝不会掉一滴眼泪吧。但是，她也是人。以前自己的亲生儿子死了，现如今自己选择的儿子也死了，她还没有坚强到不为感情所动的程度。

感觉死期将至的西太后留下遗言，说自己死后，政权委任给溥仪的生父醇亲王载沣和光绪帝的皇后（隆裕太后）。第二天二十二日未刻（下午一点到三点），西太后驾崩了，享年七十四岁。

光绪帝死后不到二十四小时，西太后也去世了。虽说是偶然，但因为死亡时间太过接近，所以有传闻说光绪帝实际上是被暗杀的。

1980年，对葬于崇陵的光绪帝的遗体进行了科学的调查。其身高为一米六四，确认没有被刀具或者钝器所伤的痕迹，即使在对颈椎和头发进行的化学检查中，也没有发现中毒的迹象。光绪帝的死不是被暗杀，而是自然死亡，这已成为现在的定论。（追记：之后，通过再次调查，光绪帝的头发被检测出含有砷。2008年，国家清史编纂委员会下结论认为光绪帝的死因为毒杀，凶手不明。）

西太后死后，除遗诏外，还公开了她最后的遗言。这些话与她的风格不符，大多怀疑认为这肯定是捏造的。另外，也有记述说，她的确这么说过。读者们是怎么认为的呢？

"此后，女人不可预闻国政。此与本朝家法有违，必须严加限制。尤须严防，不得令太监擅权。明末之事，可为殷鉴！"

清朝灭亡

此时的清朝，简直变成了一个空壳。

有存在感的人物都去世了，甚至连李鸿章的继任者袁世凯和盛宣怀二人，与去世的西太后相比，其存在感也渺小到无法望其项背的程度。

三岁的溥仪（宣统帝）当然不用说，溥仪嫡母隆裕太后，还有摄政的醇亲王载沣，也都是小人物。小人物的他们，此后通过宗室及其姻戚建立了"亲贵政权"，舒适而齐心。

另一方面，社会经济逐步恶化。因为贸易赤字和义和团运动赔偿金的支付，中国的白银流向海外，引起了金融恐慌。在物价疯狂上涨影响下，城市里爆发了米骚动，税金的滞纳金迅速膨胀。

即使这样清朝也没有灭亡。

孙文等革命派，尝试进行打倒清政府的武装起义。从光绪三十三年（1907年）四月的广东黄冈起义开始，到宣统三年（1911年）三月二十九日的黄花岗起义，起义超过了十回，但全部以失败告终。革命派同志中有很多被官府逮捕，遭到杀害。革命派也并非愚蠢。他们将武装起义的场所，限定在了北京统治力较弱的西南诸省。尽管如此，每次起义都立刻被镇压，仍未点燃革命的火种。

　　已经延续了二百数十年的清朝，是一颗腐朽的大树。其内部已经腐烂，形成了很大的空洞。但是，其树皮还流着甘甜的汁液。只要西太后生前绝不允许断绝的"利益循环"能够继续，使汁液上爬满虫子进行保护，清朝的命脉似乎就能永远得以延续。但是，作为小人物的继任者们，让这汁液自行停止了。

　　宣统三年（1911年）四月十一日，清朝宣布铁道国有化。尽管如此，被买办和地方寡头分食的铁道国有化，才是真相。但是，没有得到利益的汉人保守势力，一齐反对。革命派也主张"铁道国有化当然很必要，但是国有绝不是清政府所有。"

　　同年八月十九日，革命派在湖北武昌发动起义。他们认为这次大概也还是不能成功，但是至少让革命烽火燃烧起来，即使失败了，成为被舍弃的石子。抱着这样的觉悟，他们发起了起义。让革命派吃惊的是，武昌起义轻易地成功了，革命的火种瞬间扩大至全国。仅仅一个多月的时间，全国二十四省区中有十五个省宣布从清朝独立。清朝即将瓦解。

　　宣统三年（1911年）的干支纪年为辛亥，因此被称为辛亥革命。

　　同年十二月二十五日，宣统帝退位。西太后死后仅仅三年多，清朝就灭亡了。

　　中华民国成立以后，根据退位时约定的"优待条件"，溥仪被允许在紫禁城内继续过着和皇帝一样的生活。但是，民国十三年（1924年）十一月五日（新历），国民革命军的将军冯玉祥单方面取消了优待条件，溥仪被驱逐出了紫禁城。

东陵盗挖事件

关于西太后，还有悲惨的后话。

清朝历代皇帝的陵墓建在北京东和西南两个地方，分别被称为东陵和西陵。与西陵相比，东陵的规模更大。西太后死后也被葬于东陵。

清朝灭亡后，在陵墓也设置了守陵人。但是，守陵人将陵墓地上部分的随葬品以低廉的价格卖给了古董商，落到了这种地步的陵墓就荒废了。

民国十七年（1928年）七月，驻扎在北京郊外的国民革命军第十二军的军长孙殿英向手下的部队下达了密令，盯上了东陵地下作为随葬品埋葬的金银财宝。孙殿英清军行伍出身，在冯玉祥手下发迹并成长起来。部队带着密令，以军事演习的名义驻扎在东陵，夜晚偷偷地进行盗挖。

孙殿英手下第八师师长（相当于日本的师团长）谭温江的支队，将西太后陵墓的墙壁炸开，进入到地下的墓室内。手拿电灯的士兵们，用丁字镐将西太后的木质棺材破坏后撬开。已经去世二十年的西太后的遗体如同睡着一般，皮肤仍有弹性，但一接触到空气，眨眼间就发黑了。遗体的周围和下方，密密麻麻地埋着很多贵重的随葬品和宝石。士兵们将西太后的遗体拖到了棺材盖上，用刺刀撬开牙齿，取走口中含有的珠子，脱掉遗体的衣服、贴身内衣、鞋子，将身上的宝石全部都搜走。据说，还有士兵想要奸尸。

与此同时，孙殿英手下旅长（相当于旅团长）韩大保的支队，盗挖了乾隆帝的陵墓。士兵的一个小队，将皇帝及其两位皇后、三位皇贵妃的遗体从棺椁中拽出来，将作为随葬品的金银财宝全部抢夺一空后，将乾隆帝的头和身体切开，扔到了墓室中地下积水的污泥之中，以此为消遣。

康熙帝的陵墓也成为目标，但因为中途地下水像瀑布一样涌出，所以才免于盗挖。

之后，部队装作若无其事的样子撤退，转移到了热河。

两个月后，对从天津开往青岛方向的船只进行临时检查的海港警察，逮捕了两个可疑男子。经搜查，从其随身物品发现了三十六颗贵重的珍珠、两个金戒指以及巨额现金。二人是盗挖部队的逃兵。以此为契机，才发现了军队所犯的全部罪行，东陵被盗挖的消息传遍了世界各地。

当时，住在天津租界的溥仪深受打击。

（我）当时所受到的刺激，比我自己被驱逐出宫时还严重。（前引《我的前半生》）

　　溥仪召集原来的皇族和遗臣到自己的家里，召开"御前会议"。但是，身为已不掌握任何实权的前皇帝的他，所能做的只是将陵墓管理责任者"护陵大臣"从宗室中开除，举行乾隆帝和西太后的追悼仪式，要求国民政府查明真相，严格审判。

　　国民政府开设军事法庭，但没能处罚主谋孙殿英。他已经将盗挖的一部分财宝，通过中间人给了蒋介石、何应钦、宋子文、孔祥熙等政府首脑。西太后遗体口中的夜明珠赠予了蒋介石的夫人宋美龄。最后，主谋孙殿英没有受到任何处罚，实际执行的罪犯谭温江也立刻被保释，案件就这样结束了审理。被盗挖的财宝大部分都消失在了黑暗中，没有被找回。

　　盗挖陵墓不足为奇。只是其特别之处在于，东陵的盗挖事件发生在前王朝灭亡后不久，盗挖者并非普通的百姓而是国民革命军，之后的处罚也不够严。

　　东陵盗挖事件的背后，隐约可见当时的反满情绪。即使是中国的盗墓者，也并非不加分别地偷盗陵墓。例如，作为英雄非常受欢迎的昭烈帝（刘备）的陵墓一次也没有遭到盗挖。实际上，当时中国的舆论并没有对盗墓者进行那么强烈的谴责。甚至有见解认为，愚蠢的、极尽奢侈地建造自己陵墓的乾隆帝和西太后也有一半的责任。

　　溥仪非常激愤，但也无济于事。

　　我心里燃起了无比的仇恨怒火，走到阴森森的灵堂前，当着满脸鼻涕眼泪的宗室人等，向着空中发了誓言："不报此仇，便不是爱新觉罗的子孙！"（同前）

对中华民国绝望的他，在三年后，受到日本特务机关的引诱，决定脱离天津到满洲去。执政"满洲国"之后，他在1934年3月1日即位"皇帝"。
溥仪的弟弟溥杰是这样回忆的。

　　我少年时，父亲（醇亲王载沣）曾对我发过牢骚。"你看，英国征服了印度，可是印度的王公贵族，至今照样存在。日本灭了高丽（李氏朝鲜），李王一家在日本也继续保持着贵族的爵位。可是咱们，现在一点优待都受不到……"。我听了，很受到一种冲动，认为"宁赠友邦，勿与家奴"确是一句"名言"。（《回忆醇亲王府的生活》）。

中华民国以"五族共和"作为国策。实际上，满蒙族人没有受到像古时候欧洲犹太人受到的那样的迫害，没有成为民族净化的对象。但是，中华民国之后，曾经是"主人"的满蒙族人，与曾经是"家奴"的汉人之间，如果说完全没有一点儿感情上的隔阂的话，那是假话。载沣家族所流露出的抱怨，如果被当时的汉人知道的话，大概会愤怒地说"已经成了平等的国民，怎么还那样不满呢？"

这样的民族间的隔阂并没有逃过精明的外国人的眼睛。外蒙古（现在的蒙古国）在1921年，接受苏联的支援，脱离了中国，东三省（满洲）在1932年接受日本的支援，曾经"独立"过①。东三省在1945年回归中国，但是外蒙古至今还处于分离状态。

现在，中华人民共和国是个宣扬民族平等的多民族国家。在其历史教育中，指责以西太后为首的清末统治者的"无能"、"腐朽"，同时，慎重地避开了以汉族和少数民族对立的模式来展开分析。

---

① 此处为作者的错误认识。1931年九一八事变之后，日本关东军侵占东三省，1932年3月建立伪满洲国。

主要参考文献

中文图书

赵尔巽等：《清史稿》，中华书局，1997。

金家瑞：《义和团史话》，北京出版社，1980。

《清朝野史大观》，上海书店，1981（中华书局1936年出版影印本）。

任二北编著《优语集》，上海文艺出版社，1981。

中国人民政治协商会议全国委员会文史资料研究委员会编《晚清宫廷生活见闻》，文史资料出版社，1982。

徐珂：《清稗类抄》，中华书局，1984（原著1971年发行）。

俞炳坤等：《西太后》，紫禁城出版社，1985。

伏琥：《清宫异闻》，海峰出版社（香港），1988。

李秉新等：《清宫八大疑案》，河北人民出版社，1988。

徐彻：《慈禧大传》，辽海出版社，1994。

陈澄之：《慈禧西幸记》，云南人民出版社，1994。

萧正文等：《明清宫廷趣闻》，紫禁城出版社，1995。

王育民：《中国人口史》，江苏人民出版社，1995。

陈可冀等编著《慈禧光绪医方选议》，中华书局，1996。

刘毅：《明清皇室》，紫禁城出版社，1997。

树军编著《话说北京城丛书》（全八册），九州出版社，1997。

王树卿：《紫禁城通览》，紫禁城出版社，1997。

陈永发等编著《紫禁城百题》，紫禁城出版社，1998。

丁汝芹：《清代内廷演戏史话》，紫禁城出版社，1999。

朱诚如：《明清帝王兴衰录》，紫禁城出版社，2001。

金易、沈美羚：《宫女谈往录》，紫禁城出版社，2001。

周志初：《晚清财政经济研究》，齐鲁书社，2002。

阎崇年：《清朝皇帝列传》，紫禁城出版社，2002。

朱诚如主编《清史图典 第十册 咸丰 同治朝》，紫禁城出版社，2002。

李燕光、关捷主编《满族通史（修订版）》，辽宁民族出版社，2003。

林京编著《故宫藏慈禧照片》，紫禁城出版社，2003。

梁仁编著《简明中国近现代史》，中共中央党校出版社，2003。

德龄著、谈宝森主编《魂在紫禁城》上下，顾秋心等译，大众文艺出版社，2003（德龄七本著作的中译集）。

毛宪民：《皇宫祈福》，文物出版社，2003。

《慈禧刚柔兼用阴阳全书》，慈禧原典、史哲解译，中国致公出版社，2003。

李春光纂，《清代名人轶事辑览》（全六册），中国社会科学出版社，2004。

诸葛文编著《中国历代秘闻轶事（清）》，京华出版社，2004。

李国荣主编《清宫档案揭秘》，中国青年出版社，2004。

刘北汜编《故宫文丛 实说慈禧》，紫禁城出版社，2004。

陈茂同：《中国历代职官沿革史》，百花文艺出版社，2005。

刘奇编著《慈禧生平》，中国社会出版社，2005。

叶赫那拉根正·郝晓辉著《我所知道的慈禧太后 慈禧曾孙口述实录》，金城出版社，2005。

日文图书（含译书）

『アジア歴史事典』全一〇卷，平凡社，1959～1962。

三田村泰助『宦官』，中公新書，1963。

宮崎市定『科挙』，中公新書，1963。

小川鼎三『医学の歴史』，中公新書，1964。

柴五郎述、大山梓編『北京籠城』，平凡社東洋文庫，1965。

村松暎『中国列女伝』，中公新書，1969。

石光真人編著『ある明治人の記録』，中公新書，1971。

立川昭二『日本人の病歴』，中公新書，1976。

愛新覚羅・溥儀著、小野忍・野原四郎・新島淳良・丸山昇訳『わが半生』上下，筑摩叢書，1977。

平塚篤編『伊藤博文秘録』正続，原書房，1982（原著は春秋社1929～1930年刊）。

徳齢著、さねとうけいしゅう訳『西太后秘話』，東方書店，1983。

陳可冀編、宮川マリ訳『慈禧光緒医方選議』，東京美術，1983。

濱久雄『西太后』，教育社歴史新書，1984。

徳齢著、井出潤一郎訳『素顔の西太后』，東方書店，1987。

ウッドハウス暎子『北京燃ゆ』，東洋経済新報社，1989。

宮崎市定『中国政治論集』，中公文庫，1990。

陳舜臣『中国の歴史』全七冊，講談社文庫，1990～

1991。

　J・O・P・ブランド／E・T・バックハウス著、藤岡喜久男訳『西太后治下の中国』，光風社選書，1991。

　中野美代子『中国ペガソス列伝』，日本文芸社，1991。

　張仲忱著、岩井茂樹訳注『最後の宦官小徳張』，朝日選書，1991。

　高陽著、陳澤禎選定監修、鈴木隆康・永沢道雄訳『西太后』全一一冊，朝日ソノラマ，1994〜1995。

　スターリング・シーグレーブ著、高橋正・山田耕介訳『ドラゴン・レディー』上下，サイマル出版会，1994。

　三石善吉『中国、一九〇〇年』，中公新書，1996。

　徳齢著、井関唯史訳『西太后汽車に乗る』，東方書店，1997。

　並木頼寿・井上裕正『世界の歴史19　中華帝国の危機』，中央公論社，1997。

　寺田隆信『紫禁城史話』，中公新書，1999。

　加藤徹『京劇』，中公叢書，2002。

　増井経夫『大清帝国』，講談社学術文庫，2002。

后 记

　　在中国饮食中，有种叫作小窝头的点心，是用玉米面和砂糖揉成的指尖大小圆锥状的食物，经常作为茶点。这个点心的由来如下。

　　西太后因义和团运动向西逃亡时，住在农民家吃过窝头。窝头是用玉米面粉捏成固定形状然后蒸制而成的食物，是买不起白米和面粉的农民的主食。饥饿难忍的西太后，感觉粗劣不堪的窝头非常美味。她回到宫里后，念念不忘，命令厨师制作窝头。厨师很为难，贫民的主食是不能摆上高级的宫廷菜中的。于是，厨师尽量将窝头做得小而精致，味道上等。据说这就是小窝头的起源。此后，这种小点心在民间广泛流传，成为百姓的一种饮食。

　　关于西太后的这类逸闻非常多。北京特产中有名的茯苓饼

（混有中药的薄脆饼干）、牛奶和米酒发酵后制作成的奶酪（一种布丁）等健康食品，以及加工成滚筒形状的按压摩擦脸部皮肤的美容用品玉棍子、珍珠粉等化妆品，都起源于奢侈的西太后，然后流传到民间。在现在的北京，故宫（紫禁城）以及颐和园的解说板上自不必说，在饭店和茶点铺、特产商店的宣传语句中，也到处都是西太后的名字。

没有听说有与恭亲王、曾国藩、李鸿章等有渊源的点心。汉朝的吕后和唐朝的则天武后，可能是因为时代已经久远，也没有看到假托她们的美容方法和化妆品。不得不说，像西太后这样给中国百姓的生活文化留下深刻影响的人物，在历史上是少有的。

在中国人看来，西太后这样的人物是非常容易理解的，对她的爱憎则另当别论。

她的奢侈与百姓的穷困相差悬殊，但是华丽服饰、美食本身是单纯明快的，百姓也容易理解。这与闭居在狭窄的房间中欣赏古董字画的乾隆帝的奢侈，方向不同。实际上，西太后自身也是在自己考虑臣民憧憬的目标后，沉迷于奢侈的，是有节制的。她有很多的恶行，比如逼死同治帝的皇后以及光绪帝的珍妃，实际上，这些都有各种各样复杂的政治背景。但在百姓看来，"平民百姓，都很难处理好婆婆和儿媳的关系。更何况是皇室呢。"就连其恶行也是容易理解的。

西太后这一人物，作为满人成为皇太后之前，是非常中国式的人物。任性而自私，但却因好面子，即使言语矛盾也不发怒，哪怕使周围的人皱眉反感也不由得要成为焦点人物。"迷你西太后"那样的人，无论男女，在现如今的中国社会上，不论是在政府、企业，还是在大家族中，都随处可见。

西太后统治清朝长达四十七年之久，在她死后百年的今天，其存在感仍然残留。其一部分理由，是不是在于"小窝头"所象征的她的故事性呢？她在塑造自己这样的人物上是有技巧的。西太后通过京剧，学习"展现自己的方法"，并将其巧妙地应用到政治上。笔者是这么认为的。

说起西太后，她也并非每天都热衷于权谋术数的政治。出乎意料，她一生中也有很多的闲暇时间。受喜欢戏曲的咸丰帝的影响，她也着迷于京剧，让太监和民间的名角表演自己喜欢的戏曲。

西太后最喜欢京剧中杨家将里的萧太后（辽皇帝的夫人，丈夫死后拥立幼帝领导国家日趋繁荣的女杰）这一人物，经常让自己喜欢的京剧演员表演。扮演萧太后的演员，体察西太后的意图，将她的形象加在萧太后这一人物上，作为一个稳重的人物上演。清朝的臣民也通过戏曲和评书清楚地了解了萧太后这个人物。无论是辛酉政变时，还是拥立光绪帝时，西太后都巧妙地将"萧太后再世"这一印象加在了自己的身上，得到了臣民们的理解。

此外，京剧中有一个剧目叫《天雷报》，讲的是不孝子抛弃养育自己的父母遭天谴的故事。戊戌政变之后，西太后命人表演《天雷报》，让光绪帝观看。据此，她成功确立了自己是被害者的形象。据说，当时在北京街头茶馆里议论的内容，由最初对被幽禁的光绪帝的强烈同情，逐渐转变为对被当作自己亲生孩子养育的光绪帝背叛的西太后的同情之声。在所有的事情上，她都擅长创作以自己为主人公的"故事"。

连政治都变得像京剧舞台一样失去理智的感觉，才是西太后的真面目。遗憾的是关于这一点，在本书中限于篇幅不能一一提及。关于西太后和京剧的深远关系，拙著《京剧》中有所描述，如果能得到大家的阅读，将荣幸之至。

中国的变化是惊人的。笔者每年都访问北京。在繁华的大街上，高楼大厦以及地铁的建设工程都在不断地进行着，经济发展的速度让人惊叹。

但是，从大街的喧哗，往里再深入仅仅数十米的话，与清末相比没有怎么改变的安静的胡同依然到处都是。狭窄的胡同两侧，建造了百年的灰色的砖造平房排列得满满的，瓦片间的杂草朝着天空向上生长着。从宣武门南往前门方向走，在这样的胡同散步的话，不由得让人觉得百年前西太后的时代就如同在眼前一般。

过去的 1997 年 7 月 1 日，香港由英国回归中国。这一天的伦敦笼罩着沮丧和近乎守夜的气氛，而在北京，人们放着烟火，在天安门广场上是如同庆祝胜战一样的节日狂欢。香港回归的历史背景中隐约便有百年前的西太后。1898 年，对于英国提出的割让香港新界地区的要求，李鸿章等清政府一方的代表经过顽强的交涉，最后达成协议，将永久割让变为租借九十九年。对于英国人来说，九十九年的岁月，意味着"半永久"。但是，据说，西太后批准说"只有九十九年，借给它也不是不可以嘛!"

或许应该说，关于西太后，她死后只经过了"区区百年"。所谓"丈夫盖棺事方定"(《晋书·刘毅传》)。但是，对稀世女杰西太后的毁誉褒贬，在百年后的今天，仍然没有定论。关于她生前之谜，目前还不断有新的说法陆续发表。仅是进入今年以来，在中国就发行了很多与西太后相关的著作：想要证实西太后的出生地是山西省长治的《慈禧生平》，西太后的弟弟桂祥的曾孙公开家中流传秘闻的《我所知道的慈禧太后》，斯特林·西格雷夫所著的被翻译成中文的《龙夫人》。她依然是社会关注的焦点。

虽然与西太后相关的书籍很多，但通过西太后关注中国社会生态的著作，几乎没有。

我也有自己的私人原因，很不好意思，我的妻子是中国人。妻子的娘家住在北京西单，距离被认为是西太后出生地的劈柴胡同(现在叫作辟才胡同)只有一公里的距离，步行也能到故宫或者菜市口等地方。在北京，至今还住着很多清朝旗人子孙。妻子的祖先中也有满洲旗人纳兰氏(西太后叶赫那拉氏的远亲）和汉军旗人等。但是，包括妻子一族在内，满洲旗人的子孙已经完全和汉人同化了，既不能说满洲话，也不能读写满洲文字，甚至自己祖先名字的读音也用汉字标明。正因为如此，本书中满洲旗人以及蒙古旗人的姓氏都用汉字标明。

本书从计划到完成，得到了中央公论新社并木光晴氏的帮助，再次深表感谢。如果可以的话，只有通过请吃满汉全席才能对大家的帮助表示感谢，但是毕竟笔者没有西太后那样的财力，暂且就将与西太后有渊源的茯苓饼和小窝头作为礼物吧。希望得到大家的原谅。

2005 年 8 月

于北京

加藤徹

图书在版编目（CIP）数据

西太后：大清帝国最后的光芒/（日）加藤徹著；董顺擘译.
—北京：社会科学文献出版社，2015.12（2019.10 重印）
（鲤译丛）
ISBN 978 – 7 – 5097 – 7175 – 4

Ⅰ.①西…　Ⅱ.①加…　②董…　Ⅲ.①西太后（1835～1908）–
生平事迹　Ⅳ.①K827 = 52

中国版本图书馆 CIP 数据核字（2015）第 042198 号

·鲤译丛·

西太后
——大清帝国最后的光芒

著　　者／〔日〕加藤徹
译　　者／董顺擘

出 版 人／谢寿光
项目统筹／段其刚　冯立君　　责任编辑／冯立君　胡　亮　张　卉

出　　版／社会科学文献出版社·甲骨文工作室（分社）（010）59366527
　　　　　　地址：北京市北三环中路甲 29 号院华龙大厦　邮编：100029
　　　　　　网址：www. ssap. com. cn
发　　行／市场营销中心（010）59367081　59367083
印　　装／三河市东方印刷有限公司

规　　格／开　本：787mm × 1092mm　1/32
　　　　　　印　张：8　字　数：159 千字
版　　次／2015 年 12 月第 1 版　2019 年 10 月第 3 次印刷
书　　号／ISBN 978 – 7 – 5097 – 7175 – 4
著作权合同
登 记 号／图字 01 – 2013 – 9285 号
定　　价／49.00 元